初中数学
探究式课堂教学实践与研究

汪 艳 邹 磊 ◎主编

吉林人民出版社

图书在版编目（CIP）数据

初中数学探究式课堂教学实践与研究 / 汪艳，邹磊
主编. — 长春：吉林人民出版社，2019.12
ISBN 978-7-206-16668-6

Ⅰ.①初… Ⅱ.①汪… ②邹… Ⅲ.①中学数学课—
课堂教学—教学研究 Ⅳ.①G633.602

中国版本图书馆CIP数据核字（2019）第289249号

初中数学探究式课堂教学实践与研究

主　　编：汪　艳　邹　磊　　　封面设计：姜　龙
责任编辑：江　雪
吉林人民出版社出版发行（长春市人民大街7548 号　　邮政编码：130022）
印　　刷：北京虎彩文化传播有限公司
开　　本：787mm×1092mm　　　1/16
印　　张：15.25　　　　　　字　　数：290千字
标准书号：ISBN 978-7-206-16668-6
版　　次：2022年6月第1版　　印　　次：2022年6月第1次印刷
定　　价：45.00元

如发现印装质量问题，影响阅读，请与出版社联系调换。

编 委 会

初中数学探究式课堂教学就是一种以数学问题为指向，以探索性的问题为载体，以互动、自主、讨论、交流、评价等活动方式为主旋律的学习活动。通过观察、调查、操作、实验、发现、交流、讨论、猜想、思辨、验证等活动过程，让学生明确概念、法则、公式、定理等一系列结论的来龙去脉，进而提高学生发现、提出、分析、解决问题的能力，培养学生的问题意识、参与意识、合作探究意识，养成勇于实践、大胆质疑和勤于反思的习惯，培育学生的核心素养。

　　新课标下的探究式教学在提高学生自主学习能力和提高中学教学质量及教学效率方面都发挥了积极的作用，但是目前探究式教学过程中也出现了一些问题，教学过程依然存在着困境和难题。如何避免出现探究式教学流于形式化？如何让探究式教学落到实处？如何避免教师盲目进行探究式教学？如何让探究式教学是在教师的指导下进行的学生的自主学习，而不是课堂上对学生的放任自流？这是亟须解决的，也正因为这些难题，该课题的研究具有实际意义。

　　本书是由汪艳老师指导、邹磊老师主持研究的省级课题《初中数学探究式课堂教学模式实验研究》的教研成果，是课题开展以来一线的中学教师立足课堂，不断学习反思，通过探究式教学的实践与研究所写的相关的理论研究、教学论文、教学案例、教学设计。该书分为问题提出、内涵及理论与特征、教学模式与教学策略、案例分析、理论与实践、探索与思考六部分，其中在实践与研究中总结提炼的案例分析、教学设计、教学反思，既是老师们对理念建构、角色转变的研究，又是结合自己的教学实际总结出来的教学方法、学习方法，这些都有助于数学教师在课堂教学中借鉴和应用。教育的规律源于实践，用于实践，"以学生为主体"和"以发展学生的核心素养为本"的"立德树人"的教学思想已开始转变为教师的教学行为，其研究成果有助于数学教师提高对探究式教学的认知，进而在课堂探究过程中带给学生更多充满活力和生命情怀的学习过程。

罗宗民

2019 年 7 月 25 日

作者：贵州省特级教师、中学数学正高级教师
遵义市教育科学研究院原中学数学教研员

第一章
问题提出

第二章
探究式课堂教学内涵及理论与特征

第三章
初中数学探究式课堂教学模式与教学策略

第四章

初中数学探究式课堂教学的案例分析

第五章

初中数学探究式课堂教学的教学理论与实践

第六章

初中数学探究式课堂教学的探索与思考

第 一 章

问题提出

第一节　研究背景

教育部关于《全面深化课程改革落实立德树人根本任务的意见》提出：新形势下，课程改革面临新的挑战。经济全球化深入发展，信息网络技术突飞猛进，各种思想文化交流、交融、交锋更加频繁，学生成长环境发生深刻变化。青少年学生思想意识更加自主，价值追求更加多样，个性特点更加鲜明。国际竞争日趋激烈，人才强国战略深入实施，时代和社会发展需要进一步提高国民的综合素质，培养创新人才。这些变化和需求对课程改革提出了新的更高要求。

数学核心素养是指从数学的角度看待问题、用数学的思维思考问题、用数学的方法解决问题，自觉地用数学的眼光观察世界、用数学的思维分析世界、用数学的语言表达世界。《义务教育数学课程标准（2011年版）》（以下简称《课程标准》）不仅提到了"以学生发展为本，落实立德树人根本任务，培育科学精神和创新意识"，并明确提出了6个数学核心素养：数学抽象、逻辑推理、数学建模、数学运算、直观想象、数据分析。《课程标准》中还提到八个核心词：数感、符号意识、推理能力、模型思想、几何直观、空间观念、运算能力、数据分析。数学核心素养是数学课程目标的集中体现，数学核心素养的培育也为新一轮课程改革的深入发展指明了方向。如何将发展学生核心素养的目标落实到数学课堂教学中，这是我们课堂教学所面临的挑战。

《课程标准》明确了课程的性质是，培养学生的创新意识和实践能力，促进学生在情感、态度与价值观等方面的发展。明确了课程的基本理念是，面向全体学生，适应学生个性发展的需要；教学活动是师生积极参与、交往互动、共同发展的过程；课堂教学应激发学生学习兴趣，调动学生积极性，引发学生的数学思考，鼓励学生的创造性思维。而要落实新课程教育改革的理念，课堂是培养学生核心素养的主渠道，如何将数学核心素养的教学融入课堂，并最终落实到学生的身上？离不开对学生的探究能力的培养，离不开探究式教学的研究和应用。

探究式课堂教学是中学数学新课程的必由之路。因此，为了改变现有的数学教学现状，适应新时期、新时代的发展，为了全面贯彻党的教育方针，落实立德树人根本任务，使学生不再是数学知识的被动接受者，而成为主动提出数学问题、主动探究数学问题的"主人翁"，必须实施初中数学探究式课堂教学，以此培养学生的探究能力，培养学生用数学的眼光发现和提出问题，用数学的思维分析和解决问题，用数学的语言表达和交流的能力。这既是发展学生核心素养和培养学生创新能力的要求，也是新时代对创新型人才的要求。

第二节 初中数学课堂教学中存在的问题

一、以传统教学为主，不积极转变观念

有一则寓言故事《三个馒头》，讲的是有一天，一个乞丐很饿，他吃了第一个馒头，感觉没有吃饱，接着吃第二个馒头，还是觉得没有吃饱，于是，接着吃第三个馒头，这个时候吃饱了，乞丐自我埋怨道："早知道吃第三个馒头才能吃饱，不该吃前面两个馒头"。这则寓言故事给我们的教学启示是教学中教师只注重结果，而忽略过程。尽管课改的理念已经推行了多年，素质教育也众人皆知，但是受传统教育观念、升学考试压力等影响，传统的教学方式依然流行，课改理念难以落到实处。

二、教学中只关注教师的教，而忽略学生的学

在课堂教学中，教师要充分发挥好主导作用，然而部分教师在理解这一作用时出现两个极端：一种认为"主导"就是少讲或不讲，不明白什么该讲什么不该讲，对于学生提出的问题没有真正起到答疑解惑的作用，在学生真正需要引导或点拨时没有及时地帮助学生解决问题；另一种认为"主导"就是教师讲，学生听，在课堂中采取"满堂灌"的方式，而忽略了学生的主体地位，严重阻碍了学生智力的发展和能力的提高。

三、课堂提问缺乏实效性

当前数学课堂提问存在无问题、伪问题、被问题、少问题等现象。口头禅式、随意性大；提问脱离学生实际认知水平；问题缺乏思考空间，学生没有自由思考的余地；提问注重问题答案，轻视学生反馈；等等。长期下去导致的后果是以知识为中心，而不是以学生的成长为中心，学生不能全面发展；以教师的教为中心，而不是以学生的学为中心，学生难以学会，简单接受，被动学习，而不是主动探究，积极创造。

随着教育改革的不断深入，传统教学中以教师为中心的"满堂灌"的方式越来越不适应现代教育，代之而起的是重视开发学生智能的启发式教学。但在实际

应用中，有些教师片面理解启发式教学，认为它就是教师问，学生答，因而在课堂教学中过多、过虚地运用提问，将传统的"满堂灌"发展成了"满堂问"。

爱因斯坦曾说："提出一个问题往往比解决一个问题更重要，因为解决问题也许仅仅是一个数学上或实验室上的技巧而已。而提出新的问题、新的可能性，从新的角度去看旧的问题，却需要有创造性的想象力，而且标志着科学的真正进步。"在数学课堂教学过程中，教学的成功与否，课堂效率的高低，不仅依赖于教师的学识水平、语言表达能力、评价艺术等，更重要的是数学课堂上教师提问的效果。我国古代圣人孔子提出的"启发式"提问，"不愤不启，不悱不发"；苏格拉底的"产婆术"提问；现代教育家叶圣陶先生提出的"教师之为教，不在全盘授予，而在相机诱导"。所以，数学来源于问题，问题是数学的心脏。

裴光亚先生指出：如何判断一节课是不是好课，就看它有没有以核心素养为目标导向；有没有问题驱动；有没有抽象、推理和建模的架构；有没有激发想象、砥砺品质的生态环境。创新问题设计，引发学生深度思考，让学生在掌握基本知识、基本技能的同时，积累数学活动经验，让学生去发现问题、提出问题、分析问题、解决问题，甚至让学生大胆地说出来，从而大大提升学生独立思考、与他人合作沟通和语言表达等终身需要的关键能力，从而形成解决问题的智慧。数学是一门严密性、逻辑性、科学性要求较高的学科。数学中的概念、公式、法则、定理和解答的过程等也是比较枯燥的。因为一个好的问题可以激发学生的学习兴趣，迅速集中学生的注意力，启迪思维、开发智力。所以，在很大程度上可以理解为"好的问题成就了一节好的课堂"。

四、探究式教学流于形式，学生合作意识不够

目前，虽然探究式教学的提倡在教学中随处可见，但部分教师只是听说过这个名字，并没有真正理解它的含义，在课堂教学中用"自己以为的"探究式教学进行授课，把探究式教学简单地等同于分组合作学习，形式大于实质。是否采用分组合作学习这一方式是要根据具体的教学内容来确定的，对有些简单的数学问题，教师也组织学生进行分组讨论，不仅浪费了时间也没有任何实质意义，只会降低学生的学习动力，学生表面上在进行探究，其实是利用这个机会在一起聊天。此外，学生在探究过程中并没有真正发自内心地想要参与到讨论中来，即使讨论后得出了结果也表达不清楚甚至不敢表达，这与学生对探究性学习的重要性认识不到位和从小养成的被动学习的习惯密切相关。在之前传

统的教育理念和应试教育的体制之下，学生大多为被动学习，更谈不上能力的提升。可见教育的各个阶段是相互衔接的，这是关乎整个教育事业的问题。教师应该让学生认识到探究式教学中主动参与的重要意义，从思想的根源上鼓励学生变被动为主动。

第三节　研究的意义与价值

传统的教学模式有利于教师主导作用的发挥，有利于教师对课堂教学的组织、管理与控制，但它存在一个很大的缺陷，就是忽略学生的主动性、创造性，不能把学生的认知主体更好地体现出来。很大程度上教师把学生当成"灌输"的对象，强调学生的任务就是接收、消化，这样的教学模式使得学生的主动性无法发挥，思维被限制，学生始终处于被动状态，更谈不上思维上的创新。

一、学生是教学活动的主体

学生的主体性要在数学教学中得到进一步加强，探究式课堂教学更是紧紧围绕学生进行设计的，他们是课堂的主人，而教师是课堂的参与者、组织者、引导者。

二、培养学生合作交流意识和创新意识

对话与交流是研究问题的重要方式之一，华罗庚教授认为：研究数学问题时，独立思考不是一个人独自在那里冥思苦想，不和他人交流，独立思考也要借助别人的结果，也要依靠集体的智慧。探究式课堂教学就是建立一种平等的对话与交流，培养学生的合作交流意识和创新意识。

三、关注数学教育中的学科实质

以往的教学中，许多数学教师过度重视对学生技能技巧的训练而忽视了发展学生对于数学实质的理解和体验。在核心素养的背景下，许多教师关注了小组学习、合作交流等多种教学组织形式，而忘记了所教数学主题的本质。探究式课堂教学正是从学科的角度出发，引起教师对所教学科的本质的高度重视，使学生真正地领悟到数学知识的产生和生成，体会到数学的本质。

四、探究式教学本身就是一种学习方式，也是一个学习过程

探究式教学是基于核心素养的一种重要的教学方式。有效探究学习，既要重视探究过程，也要关注探究的结果，对教师和学生而言，它既是一种新的学

习方式，也是一个逐步提升自我的学习过程。

五、探究式教学对提升教师的数学专业水平有促进作用

"记问之学，不足以为人师。"以往的教学理论及其阐述大多致力于学生的学习或者着力于教师的教学方法，而极少论及教师的教育价值。进行探究式课堂教学不但着力于学生的学习尤其是数学问题驱动下的学习，而且更加关注师生之间的相互启发、相互促进和相互教育。可以说，探究式课堂教学是对"人师"追求的体现。把"学之困"和"教不足"联系在一起，追求师生一起学习、研究，共同提高，达到"终身学习"的境界，它体现了我国传统教学思想——"教学相长"的作用与意义。

第 二 章

探究式课堂教学内涵及理论与特征

第一节　探究式教学的内涵

一、探究

探究是一种学习方法，是指学生运用旧知，通过教师为之创设的情境，探索新知，从而培养学生创新和研究意识的方法。探究是一个学习过程，是学生获取新知的一条有效途径。

二、探究式教学

所谓探究式教学，就是以探究为主的教学。具体地说，它是指教师在教学过程中对学生的启发诱导，以学生独立自主学习和合作讨论为前提，以现行教材为基本探究内容，以学生周围世界和生活实际为参照对象，为学生提供充分自由地表达、质疑、探究、讨论问题的机会，让学生通过个人、小组、集体等多种解难释疑尝试活动，将自己所学知识应用于解决实际问题的一种教学形式。它的特点主要表现在两个方面：一是探究式学，二是探究式教。教师不能把知识内容直接告诉学生，而是通过创设具体情境问题和探究氛围，明确探究内容、探究主题和探究步骤，引导学生一步步地完成探究。在知识的发现过程中，鼓励学生发现问题、提出问题，并分析、解决问题，从而提高学生的能力。探究式教学特别重视开发学生的智力，发展学生的创造性思维，培养学生的自学能力，力图通过自我探究引导学生学会学习和掌握科学方法，为终身学习和工作奠定基础。教师作为探究式课堂教学的导师，其任务是调动学生的积极性，促使他们自己去获取知识、发展能力，做到能自己发现问题、提出问题、分析问题、解决问题。与此同时，教师还要为学生的学习设置探究的情境、建立探究的氛围、促进探究的开展、把握探究的深度、评价探究的成败。学生作为探究式课堂教学的主人，自然要根据教师提供的条件，明确探究的目标、思考探究的问题、掌握探究的方法、敞开探究的思路、交流探究的内容、总结探究的结果。由此可知，探究式课堂教学是教师和学生双方都参与的活动，他们将以导师和主人的身份进入探究式课堂。

13

三、数学探究式课堂教学

所谓数学探究式课堂教学就是一种以数学问题为指向，以探索性的问题为载体，以互动、自主、讨论、交流、评价等活动方式为主旋律的学习活动。通过观察、调查、操作、实验、发现、交流、讨论、猜想、思辨、验证等活动过程，让学生明确概念、法则、公式、定理等一系列结论的来龙去脉，进而提高学生发现、提出、分析、解决问题的能力，培养学生的问题意识、参与意识、合作探究意识，从而养成勇于实践、大胆质疑和勤于反思的习惯，并培育学生的核心素养。

第二节　初中数学探究式教学的理论

一、杜威的"做中学"学习理论

杜威强调的"做中学"，指的是"在做中思维"，培养学生主动探究、敢于创新的精神，提高学生分析问题、解决问题的能力。可以说杜威开辟了探究式教学研究与实践的新天地，引起后继者对学生的主体性的极大关注以及对教师在教育教学过程中的地位与作用的深刻反思。而且杜威对探究教学本质的揭示也是相当精辟、深刻的，他所倡导的探究教学程序也对后继者的教育教学方式产生了巨大的影响。

二、皮亚杰的建构主义学习理论

建构主义（constructivism）也译作结构主义，是认知心理学派中的一个重要分支。建构主义理论的核心可以概括为：以学生为中心，强调学生对知识的主动探索、主动发现和对所学知识意义的主动建构。该理论认为获得知识的多少取决于学习者根据自身经验去建构相关知识的能力，而不取决于学习者记忆和背诵教师讲授内容的能力。

三、布鲁纳的发现学习理论

该理论认为，学生应是一个积极的探究者。教师的作用是提出课题或提供一定的材料引导学生充分发挥主观能动性。学习的主要目的不是要记住教师和教科书上所讲的内容，而是要学生参与建立该学科知识体系的过程。学生不应是被动的、消极的知识的接受者，而应是主动的、积极的知识的探究者。他认为直觉思维具有跳跃式的特点，在探究活动中教师要注意帮助学生形成丰富的想象，让学生自行尝试。

四、"最近发展区"理论

苏联心理学家维果斯基在讨论教学与发展的关系时，提出了"最近发展区理论"。他认为每个儿童都会有两种发展水平：第一种水平是儿童现在已经达到的发展水平，即儿童在活动中能不依靠他人独立解决问题的水平；第二种水平是仍然处于形成状态的、刚刚在发展的水平，即儿童在他人的指导下才能顺利解决问题的水平。因此，维果斯基提出的"最近发展区"就是位于他们已有的知识水平和他们在帮助下才能够掌握的知识水平之间的区域。他强调教育必须要以儿童已经具有的水平为依据，而且要走在儿童发展的前面。只有走在发展前面的教学，才能促进学生的发展。教育不应当只看重学生当前的发展，而应以学生发展的明天为方向。

"最近发展区"理论告诉我们，学生在数学上的发展潜力是不可估量的，要充分挖掘学生的潜能。数学教师在提问时要全面了解学生的实际发展水平，并尽量推断学生可能达到的认知水平，并提出难易适中的问题，通过启发和引导让学生向更高的水平发展。

五、数学学科特点

数学学习理论中关于学习过程的论述，揭示了人的学习本身就是一个不断探索、反馈、检验再探索的过程。教学应为学习者创设与其学习过程相一致的学习环境，既然学生的学习过程就是一个不断探索、反馈、检验再探索的过程，教学就应留有充足的空间、时间，让学生去选择、去探索、去思考。新的数学课程体系的建立，要求把学生的发展放在首要位置，以促进学生的全面发展为目的。"探索是数学教学的生命线"，要让学生在教学活动中，在教师的启发引导下，自己去"发现"重要的数学事实和结果，如公式、法则、定理等。因此数学作为一门重要学科，探索提高学生学习的质量，全方位建构学生在数学教学中的学习主体地位，是现代数学教育的发展趋势。

第三节　探究式课堂教学的特征

一、以培养学生的核心素养为目的

数学探究教学的根本目的不是把少数人培养成精英，而是要使他们成为有数学素养的公民。探究式教学主张学生以能动的方式掌握数学知识，而不是通过教师传授给他们，让学生通过探究式课堂教学体会到数学研究的基本方法：通过观察、实验、合作、交流、收集信息、猜想、验证等一系列数学活动，把数学知识与数学方法结合起来，发展学生的观察能力，培养其提出问题、分析问题、解决问题的能力，从而使学生掌握一定的数学知识和数学方法，并养成数学学科态度和学科精神，培育学生的学科素养。

二、重视问题情境的创设

探究始于问题，问题能激发学生学习兴趣、引发学生思考、激发学生思维。探究的过程就是解决问题的过程。学生探究学习的积极性、主动性，往往来源于一个充满疑问的问题情境。探究式教学就是教师在教材内容和学生求知心理之间建构一种"不协调"，把学生引入一种与问题有关的情境之中，从而让学生提出问题，产生怀疑，怀疑后解决问题，并产生强烈的探究欲望。

三、探究式教学要体现过程性、参与性、差异性

在教学中教师要基于问题解决的全过程和学生素养形成与发展的自然性，有效设置"过程性"环节，关注探究过程，逐步深入，引思启探，不留痕迹地渗透问题意识，让学生在潜移默化中提高提出问题和解决问题的能力。

首先，数学探究式教学提倡学生学习知识不是靠死记硬背，而是在能动的探究过程中完成的，因此数学探究式课堂教学高度重视知识的获得过程，让学生亲身体验数学知识的形成与产生，感悟数学本质。

其次，数学探究式教学提倡学生的全体参与，它要求每一个学生都能积极地参与到探究的各种活动中来，以提高学生的创新意识和能力。教师可以根据教材的内容和学生的实际情况，以及学生不同的探究水平和特点，制订不同的探究计

划。教师要充分考虑学生的主体作用，在对数学概念、公式、法则、定理、例题、习题等显性目标的教学中，基于学生的已有认知水平，合理地设计内容，有意识地营造良好的探究环境和氛围，让学生在个体活动中有问题想、有问题问，能通过问题的指引进行有目的的探究。只有学生切实感觉到"是什么""为什么""原来是这样"的时候，学生的思维才能真正得到发展，学生问题意识的培养才算有了抓手，创造思维和创新能力才能得到提高。学生的数学认知和思维能力差异是客观存在的，课堂上往往是数学认知能力强的学生在进行探究，而学困生经常无法探究。教学中要充分考虑并尊重学生的个体差异，针对不同学生的认知水平，通过适当的内容设计和语言表述，运用追问方式激发学生思维，通过同伴交流，启发或引导学生进行探究，使每一位学生都能得到有区别但充分的发展。教学内容不仅要符合学生的认知规律，还要切合学生的心理特点，更应该顺着教学知识的发展过程，组成一个循序渐进、有内在联系的问题体系。

四、探究式教学要体现激励性与启发性

问题是数学的心脏，在问题情境中体现数学的生命力，揭示数学的本质。问题的设计，要围绕教学目标，能反映教材和课程标准对教学的要求，能体现教材中潜在的知识之间的内在联系，让问题能真正发生，并且发生得有价值、有意义，教师的激励与引导至关重要。在教学中，教师始终保持"不缺位"，并实时地"站出来"，用适当的方式，营造宽松、和谐的课堂氛围，采取适当的奖励措施，鼓励学生大胆表达自己的想法。问题的设计要有能启发学生思维的作用，问题中可以包含知识的联系和思想方法类比的引导，使学生通过问题的解决达到对所学内容的理解，但也不能让问题局限了学生的思维。通过启发式教学把问题以探究的方式呈现，让学生自主探究、合作交流，从而亲身体会、感悟知识的生成过程。

五、开放性和问题性

探究的问题具有开放性。探究的问题可以来源于课本、来源于自己的疑惑、来源于课外等，只要是能够促进学生思维的发展和能力的提高的问题都可以进行探究。探究的过程中学生先独立思考再合作交流，师生、生生之间相互学习、相互配合，只要是能激发学生思维和能力的方式都可以采用。探究的结果也具有开放性，很多问题没有绝对的答案，只要是站在自己的角度合理思考出来的结果都值得鼓励和肯定，也只有这样，才能集思广益，交流彼此心得，实现教学相长。符合学生实际水平和需要的问题情境是有效的数学课堂的良好开端，没有问题就没有思考和启发，难以激发和带动学生的探索欲和求知欲。教师要

精心组织和设计数学问题，启发和引导学生发现和提出问题、分析并解决问题，提高学生提出问题、分析问题和解决问题的能力。

设计数学问题要用问题唤醒探究意识、引发学生思考、提高课堂自主度。教学之中，通过问题驱动教学，往往是夯实基础，提升思维水平的有效途径。问题设计要合理、有价值，能凸显数学知识的本质，有利于开发学生的潜能，能促进学生思维的发展，能直接影响学生学习数学的整个过程。问题设计应遵循下列原则。

1. 本源性原则

学生在心里会产生疑问，会思考，但是由于某种原因学生有时不会提出来，这时就需要教师给予学生详细的解答，如果不为学生分析透彻，那对学生的未来发展是非常不利的。因此在数学教学过程中，教师要充分展示和运用与数学相关的本原性问题，帮助学生更好地理解和掌握数学的本质。

2. 最近发展区原则

教师应把握问题设计的"度"，使问题设计在学生的最近发展区之内，达到让学生"跳一跳摘果子"的效果。学生有两种发展水平：一种是现实发展水平，即目前已经达到的水平，借此学生能够独立完成智力方面的任务；另一种是最近发展水平，即依靠现有的水平，学生不能独立完成的智力任务，但在教师和同学的帮助下经过一番努力可以达到的水平。教师要善于重组教材，对学生因材施教，设置一些有效的问题来促进学生的学习。

3. 启发性原则

问题设计应该能起到启发学生思维的作用，问题中可以包含知识的联系和思想方法类比上的引导，使学生通过问题的解决达到对所学内容的理解，但是不能让问题局限了学生的思维。因为初中的数学知识大多是来源于生活，是从现实世界的实际问题中抽象出来的。

4. 关联性原则

在问题设计的过程中，要从课堂教学内容完整性的角度去思考不同教学环节，设计互相关联的问题，以使问题设计能很好地体现某一节课的整体知识结构，服务于学生有意义的学习。教师在确定教学目的的基础上就必须明晰教材内容的层次性结构，清楚每个环节之间的关系。在设计好教学层次性结构的情况下，利用不同层次之间的关系层层相连，来讲述教学目的。通过对每个环节问题的解答，使学生对整个教学过程有一个全面的认识。

第三章

初中数学探究式课堂教学模式与教学策略

第一节 初中数学探究式课堂教学模式建构

一、探究式课堂教学与传统教学

探究式教学不同于传统的讲授式教学，传统的讲授式教学通常按照教师预设的教学目标进行教授，学生被动地接受，通过大量习题训练，最终实现教学目标的达成。传统的讲授式教学的弊端就是教师讲的过多，没有激活学生的思维，只是以知识为中心，而不是以学生的生命成长为中心，学生不能全面发展；只是以教师的教为中心，而不是以学生的学为中心，学生难以会学；学生简单接受，只是被动学习，而不是主动探究，积极创造。传统的讲授式教学建构如图 3 - 1 - 1 所示。

图 3 - 1 - 1

《课程标准》指出：有效的数学学习活动不能单纯地依赖模仿与记忆，动手实践、自主探索与合作交流是学生学习数学的重要方式。教师应引导学生主动地从事观察、实验、比较、猜测、验证、推理与交流等数学活动。这也就要求教师主动地转变教学观念，改变重数学知识学习，轻实践探究能力和应用数学知识解决问题能力的培养的观念。初中数学探究式课堂教学建构如图 3 - 1 - 2 所示。

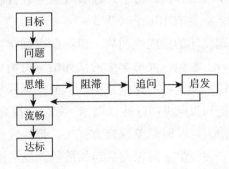

图 3 - 1 - 2

问题是促使科学研究产生的动力，问题的背后是人类好奇心的驱动。课堂教学中也一样，学生遇到问题才会有兴趣，才会有想了解"真相"的欲望。教师预设本节课的教学目标，通过问题驱动，学生思考，训练学生思维，当学生思维出现障碍时，教师再一次通过问题引发学生思考，从而使学生受到启发，思维流畅，水到渠成，目标达成。

二、探究式教学与教材的要求

在核心素养背景下，教师要想实现由以教为主向以学为主的转变，真正地建立起新型的课堂，就要把学习的权利和责任还给学生，激发学生的学习兴趣，培养学生的学习能力，引导学生学会自主学习和自我教育，这是当代学习范式重建的前提与基础，也是教学改革深化发展的支点与标志。我们要致力于建立让学生的潜能得以充分发挥的教学文化和教学方式；要致力于打造一种新型的课堂文化，让学生的人格得到充分的尊重、让学生的安全得到充分的保障、让学生的潜能得到充分的开发、让学生的能力得到充分的发挥、让学生的思维得到充分的展开、让学生的自信得到充分的培养；要致力于构建以学为主线、以学为本的课堂教学体系和结构。教学设计和教学活动要以学生的学习为主线，学生文本阅读和个人解读的全过程，学生观察操作的全过程，学生问题的生成、提出、解决的全过程，学生由浅到深、由表及里、由片面到全面、由不知到知、由不会到会的认知过程，特别是思维发展的全过程，应该成为贯穿课堂的主线和明线。

人教版《义务教育教科书·数学》按照引导探究、自主探究、发展思维、逐步深入的原则，安排了"思考""探究""归纳"等栏目，旨在让学生经历观察、分析、猜想、实验、推理、反思、交流等过程，积累学习经验，逐步学会发现问题、提出问题、分析问题和解决问题，同时学生通过以上栏目的学习可以切实转变被动接受学习的方式。初中人教版《义务教育教科书·数学》教材中出现的"探究"内容一共有 101 个（表 3 - 1 - 1）。这些探究内容，具有较强的问题意识，而且问题设计的指向性明确。以问题驱动学生尝试和思考，能较好地唤醒学生学习的自主意识，促使学生的认知情感由消极被动状态转向积极主动状态，有利于营造主动学习的课堂氛围，从而实现课堂中师生心理的同步协调发展。通过探究把知识向纵向延伸。例如，如何对探究内容进行归纳提炼，如何根据学生的认知能力、及时调整探究方式等。把探究式教学和与学生的认知规律有机结合起来，促使学生的探究从起始阶段到发展阶段，让"探究的种子"发芽、生长。

表 3 - 1 - 1

年级	所处阶段	探究的主要特征	实例
七年级	起始阶段	动手探究（画一画、拼一拼、量一量、实验等）	有理数的加法法则、合并同类项等
八年级	发展阶段	思维操作探究（分类探究、归纳探究等）	全等三角形、平方差公式等
九年级	提升阶段	问题解决探究（类比探究、转化探究等）	圆周角与圆心角的关系等

第二节　探究式教学模式操作流程

初中数学探究式课堂教学模式：以学生活动和问题驱动为中心，以探究、发现为主线，以培养学生核心素养为目的，以数学教学的五种课型为载体的探究式课堂教学模式。

初中探究式课堂教学模式具体包括：三条主线、四个环节、五种课型。

一、三条主线

三条主线指的是"问题—探究—发现"。通过教师预设的问题驱动、激发学生探究，在探究过程中，学生遇到困难，教师再一次通过问题引发学生思考，学生通过合作交流，从而发现结论。在课堂教学中把知识问题化，用精心设计的问题来代替乏味的陈述，让学生思考起来，参与到教学中。把问题以探究的方式呈现，让学生自主探究、合作交流，亲身体验和感悟知识形成、生成过程。问题如果设计得合理有价值，能凸显数学知识的本质，那么就有利于开发学生的潜能，促进学生思维的发展，从而影响学生学习数学的整个过程（图3-2-1）。

图 3-2-1

首先，问题的设计思路要符合：

1. 问题的设计要以学生的认知发展水平和已有的知识、经验为基础

教学"三角形内角和"一课时，设计如下问题：

问题1：前几节课我们学习了三角形的哪些知识？

问题2：你认为接下来我们该学习三角形的什么知识？

问题3：关于三角形的内角和，你都知道些什么？

问题4：你是怎么得到这个结论的？

问题5：你对通过这些方法得出的结论产生过怀疑吗？

问题6：通过什么方法才能让人完全信服呢？

上述问题的设计，试图从宏观（整体系统研究的需要）和微观（证明的必要性）两个角度给出本节课的教学理由，让学生初步明确所学内容的必要性和意义，以激发学生的学习动机，培养其学习兴趣。特别地，对三角形整体结构体系的初步感知有助于学生形成研究一个几何对象的基本套路，并使学生养成全面思考问题的习惯，提高系统思维水平。

问题7：关于结论中的180°，你想到了哪些知识？

预设1：平角。

预设2：两直线平行，同旁内角互补。

问题8：在小学数学的学习时，我们曾把三角形的内角剪拼成一个平角，请同学们再做一次这个实验，看能否从中发现证明的思路？

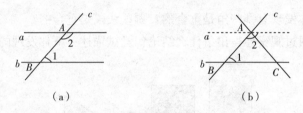

（a）　　　　　　　　（b）

图3－2－2

问题9：如图3－2－2（a），若 $a/\!/b$，则∠1+∠2＝180°，不妨旋转直线 a 到 AC 的位置，这样就出现了△ABC，如图3－2－2（b），在这个过程中∠1和∠2是如何变化的？

中学生不仅初步领悟了图形运动中变与不变的数学思想，而且感悟了由基本图形联想到辅助线的做法。

证明三角形的内角和，都应该围绕结论中的180°设置启发式问题。这样的问题来源于对定理本身的分析，符合学生的认知特点，并指向对学生活动经验和已有知识的唤醒，而好的思想来源于过去的经验和以前获得的知识。

2. 问题的设计要有新颖性和挑战性

激发学生的求知欲望，提高学生学习的积极性，培养学生学习数学的兴趣。教学"角平分线的性质"一课时，设计如下问题：

小明家在哈尔滨市一栋居民楼的一楼，刚好位于一条暖气和天然气管道所形成角的平分线上的点 P 处，要从 P 点建成两条管道，分别与暖气管道和天然气管道相连（图3－2－3）。

问题 1：怎样修建管道最短？

问题 2：新修建的两条管道的长度是否相等？

图 3 - 2 - 3

3. 问题的设计要具体、明确，有可操作性

使学生能够探究，并通过探究发现规律。教学"等腰三角形"教学片段：把一张长方形的纸按图 3 - 2 - 4 中的虚线对折，并剪去阴影部分，再把它展开，得到 $\triangle ABC$。

问题 1：你发现有哪些角是重合的？哪些线段是重合的？

问题 2：通过观察你得出了什么结论？尝试描述一下你发现的结论。

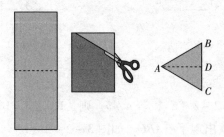

图 3 - 2 - 4

4. 问题的设计要有层次性，环环相扣

使学生能够层层深入探究问题，提高课堂教学效率。教学"反比例函数图像与性质"一课时，设计如下问题：

问题 1：请你举例说明一次函数图像的画法和图像具有什么性质？

问题 2：上一节课，我们学习了反比例函数的概念，接下来应该去探究什么？

通过复习一次函数的图像和性质，帮助学生了解建构探究函数图像的基本方法是列表、描点、连线；探究函数的图像一般从形状、位置、变化趋势三个方面去研究，为研究反比例函数图像做好铺垫。

问题 3：反比例函数的图像是什么样的？请你根据反比例函数 $y = \dfrac{8}{x}$ 的表达

式，猜一猜这个函数的图像具有哪些特征？结合下列问题探究：

（1）x，y 的值可能为 0 吗？这个函数的图像与 x，y 轴有交点吗？

（2）x，y 所取的值的符号有什么关系？这个函数图像会在哪些象限？

（3）当 $x > 0$ 时，随着 x 的增大，y 怎样变化？当 $x < 0$ 时，随着 x 的增大，y 怎样变化？

由于反比函数 $y = \dfrac{8}{x}$ 的图像是曲线型，又分成两支，学生第一次接触有一定的难度，因此设计"由数想形"的思考活动，让学生带着问题有目的、有方向地进行独立自主探究，初步估计出反比例函数的大致图像，从而获得探究未知函数的性质与图像的又一种方法。

问题 4：请你用描点法画出反比例函数 $y = \dfrac{8}{x}$ 的图像。

问题 5：列表时，x 的取值要注意什么？描点时，应该按照什么顺序来描点？连线时，应该怎样连接？

问题 6：相邻两个点之间的线是直线还是曲线，你是如何验证的？

问题 7：观察反比例函数 $y = \dfrac{8}{x}$ 的图像，有哪些特征？

问题 8：是不是所有的反比例函数的图像都具有这样的特征？请你根据反比例函数 $y = -\dfrac{8}{x}$ 的表达式，说出它的图像具有的特征，并在平面直角坐标系上画出它的图像。

问题 9：反比例函数 $y = \dfrac{8}{x}$ 与 $y = -\dfrac{8}{x}$ 的图像有哪些共同特征？有哪些不同点？是由什么决定的？

通过问题唤醒探究意识，引发学生思考，提高课堂自主度，真正做到引入的问题具有启发性，追问的问题具有探究性，有助于学生把握知识的核心，有助于学生通过问题的思考逐步学会数学的思维。

5. 问题的设计要有利于学生手、口、脑并用，有利于学生运用观察、对比、归纳、概括、类比等方法发现结论，提出猜想。

比如，学习了整式乘法，我们再做几个，看谁做得好、做得快！

计算：

（1）$(x + 2)(x - 2) = $ ＿＿＿＿＿＿＿＿＿＿＿＿。

（2）$(1 + 3a)(1 - 3a) = $ ＿＿＿＿＿＿＿＿＿＿＿＿。

（3）$(x + 5y)(x - 5y) = $ ＿＿＿＿＿＿＿＿＿＿＿＿。

（4）$(y+3z)(y-3z)=$ _____。

通过问题引导学生进行探究，如果学生的思维遇到阻滞，那么教师必须通过追问启发学生，使学生的思维保持流畅。

（1）相信大家已经感受到，上面4道小题的结论颇有特点，结论有什么特点呢？没有无缘无故的"好事"，每道题左边的两个式子肯定也有一些特殊的地方，特殊在哪儿？用你自己的语言叙述你的发现。

（2）尝试推导这个公式，并与同伴交流。

① 公式中的a换成其他字母，这个公式还成立吗？换成数字4呢？公式中的b，换成$5x$，公式还成立吗？你认为如何认识公式中的这两个字母a和b。

② 写出两个符合公式特征的算式，与同桌交流。

最后，通过学生探究、发现规律，引导学生归纳出平方差公式。

二、四个环节（图3-2-5）

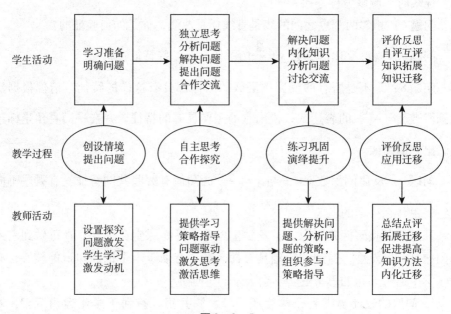

图3-2-5

第一环节：创设情境、提出问题

教师根据教学实际创设问题情境或给出探究问题，激发学生的探究动机，提供学习策略指导。

问题情境体现数学的生命力，揭示数学的本质。问题的设计，围绕教学目标，能反映教材和课程标准对教学的要求，能体现教材中潜在的知识之间的内在联系。

1. 从学生的兴趣爱好出发创设问题情境

运用平方差公式进行教学时，就可以创设情境：在一次智力抢答赛中，主持人提供了两道题：$21 \times 19 = ?$ $103 \times 97 = ?$ 主持人话音刚落，就有一个同学刷地站起来抢答说："第一题等于399，第二题等于9991。"其速度之快，简直就是脱口而出。同学们，你知道他是如何计算的吗？你想不想掌握他的这种简便、快速的运算方法呢？

2. 实际问题情境，指向数学模型建立、应用于拓展

数学建模是指对现实生活问题、科学问题或数学问题建立数学模型，不仅可以帮助学生发现解决问题的途径，而且能够优化问题的解决过程，为数学知识的发现与形成提供有效的思路。

在教学"函数的图像"这一节课时，给出一个函数图像（图3-2-6），并提出问题：

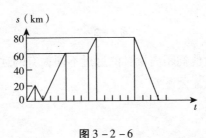

图3-2-6

这是老师从学校去市区某地办事再返回的行驶路程与时间之间的函数图像，请结合图像，联系实际，大胆想象，说一说老师是怎么走的？路上都发生了什么？从图像中你能发现哪些信息？

3. 学生的知识经验、最近发展区，通过类比探究

数学教学活动必须建立在学生认知发展水平和已有的知识经验基础上，从学生的知识经验出发创设问题情境，既可以复习巩固旧知识，又可以把新知识由浅及深、由简单到复杂、由低层次到高层次地递进。在教学"分式加减法"这一节课时，学生已经掌握了"分数的加减法"，可以让学生先对比计算：

（1）$\dfrac{3}{7} + \dfrac{2}{7} = ?$ （2）$\dfrac{3}{4} - \dfrac{2}{5} = ?$

（3）$\dfrac{3}{a} + \dfrac{2}{a} = ?$ （4）$\dfrac{b}{a} - \dfrac{a}{b} = ?$

4. 趣味性问题情境，让学生经历思维的抽象过程

章建跃教授在《数学教育心理学》一书中指出，学生获得概念的能力，随

年龄的增长、智力的发展、经验的增加而发展。研究表明，三者中经验的作用更大，丰富的经验背景是理解概念本质的前提，因此，我们引导学生从自己的日常生活中积累有利于概念学习的经验，并激活这些经验，让学生进行分析、比较，发现旧知的局限性，探索新知的合理性，直接指向数学抽象思维。以游戏为载体引入问题，能充分调动学生的知识储备和学习积极性。从教育心理学角度来看，概念是思维的基本单位，概念增加了经验的意义。

"圆"的教学片段引入：同学们，你们玩过套圈游戏吗？套圈游戏就是把一个圆圈套到玩具上。如果几位同学都在一条直线上站立（图3-2-7），你认为游戏公平吗？

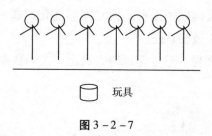

玩具

图3-2-7

生：不公平，因为他们距离玩具的远近不同，有的远，有的近。

师：那么如何站位才公平？

生：站成一个圆圈。

……

5. 螺旋式问题情境，指向数学逻辑思维、感悟隐性的数学思想方法

《课程标准》指出，推理能力的发展应贯穿于整个数学学习过程中，推理是数学的基本思维方式，也是人们学习和生活中经常使用的思维方式。推理一般包括合情推理和演绎推理。虽然数学学习并不是纯粹的逻辑过程，但是逻辑推理是公认的数学核心素养之一。通过层层递进的问题，由浅入深，螺旋上升，帮助学生进一步巩固所学知识。通过多途径、多角度螺旋上升的问题，深挖题目之间的本质内涵和联系。

教学"画轴对称图形"一课时，设计如下问题：

问题1：如图3-2-8所示，已知点 A 和直线 l，试画出点 A 关于直线 l 对称点 A'，并说说你的画法。

问题2：如果在直线 l 的左边还有一个点 B，怎样作出 B 点关于直线 l 的对称点 B' 呢？若事先连接 AB，通过作图你有哪些想法？

问题3：如果在直线 l 的左边再增加一个点 C，怎样作出点 C 关于直线 l 的对称点 C' 呢？连接 ABC，通过作图你有哪些想法？

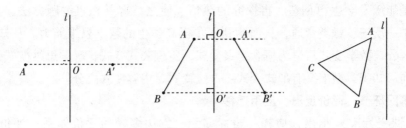

图 3 - 2 - 8

分析：教学设计别出心裁。为了突出重点，突破难点，没有走别人的老路"点——线段——三角形"，而是通过一个点，一条对称轴再加一个点再画对称点，从而得到线段的轴对称图形的画法，让学生自然而然地从点过渡到线段，并使学生很容易掌握和理解要画一个图形关于某条直线的轴对称图形，只需要找到图形的关键点，再画出关键点的对称点连线即可。

第二环节：自主思考、合作探究

教师启发引导学生发现和解决问题的思路和方法，共两个环节：第一个环节，在学生独立探究的基础上，组内交流、分享探究成果；第二个环节，各组在全班范围内交流、共享（探究）成果，从而形成知识结构体系。

课堂中学生的学习过程毕竟不同于数学家的探索过程，学生是在有限的时间内，在教师的指导下学习的。因此，教师要从最为朴素和原始的观念开始，设计一系列数学问题来驱动课堂教学，问题要环环相扣，让学生在好奇心的驱使下发现数学本质。教师启发引导学生发现和解决问题的思路和方法，让学生独立、合作探究，形成共识。在探究过程中要处理好探究的作用：在重点突破、难点分解上发挥探究的作用，在开放型问题上发挥探究的作用，在理解一个困难概念时发挥探究的作用，在实际问题应用上发挥探究的作用。

知识不是急于拿给学生的，而是让学生经历知识的发现过程，在这个过程中培养学生的核心素养。学生可以通过类比探究、归纳演绎探究、猜想假设探究等方式进行探究活动，提升学生提出问题、分析问题、解决问题的能力。

第三环节：练习巩固、演绎提升

这个环节为应用练习。精心设计变式练习或分层练习，使学生在运用知识中形成技能，培养学生的迁移和创新能力。

在完成本节主要任务的基础上，鼓励学生进一步质疑或提出新的问题，引导学生再次进行深入探究。数学变式拓展是为了让学生更加准确深入地掌握数学的概念、性质、解题方法和数学思想而采取的一种变换方式。这种变换方式，可以是内容变式训练、题目变式训练，甚至可以是解题方法的变式，等等。其目的是能激发学生再创造、再探究的热情，使之掌握并积累解题方法、技能，学会举一反三、触类旁通，从而达到逐步提高学生的数学思维能力。从知识类型上区分，数学变式可分为概念定义变式、定理公式变式、解题思维变式三类，而在同一知识类型上又有形式变式、方法变式、内容变式之分。

第四环节：评价反思、应用迁移

《课程标准》指出，应建立目标多元、方法多样的评价体系。评价既要关注学生学习的结果，也要重视学习的过程；既要关注学生数学学习的水平，也要重视学生在数学活动中所表现出来的情感与态度，帮助学生认识自我、建立信心。

评价与反思包括对教学设计的重新梳理与完善（采用的教学方式、数学思想等）、教学评价、对教学中发生的问题的思考与改进等。比如，学生自发地认识事物、分析事物的意识是值得提倡的，这需要教师在进行教学设计时，充分考虑学生的认知基础和认知方式，从而层层引导，方能步步为营。学生作图规范性有待培养和加强，才能更适应后续学习发展的要求。评价标准如果从主体的角度来分，可以分为教师自我评价、学生自我评价、师生和生生之间的互评，其中教师的自我评价对于提高教学水平和质量是非常重要的，可以说关系到教师的终身发展。

"三线四环"案例体现

《无理数引入》

遵义市第十一中学　邹　磊

一、教学目标

1. 知识目标

（1）通过拼图活动，让学生感受无理数产生的实际背景和引入的必要性。

（2）能判断给出的数是否为有理数，并能说出理由。

2. 过程与方法

（1）让学生亲自动手做拼图活动，感受无理数存在的必要性和合理性，培养学生的动手能力和合作精神。

（2）通过回顾有理数的有关知识，让学生能正确地进行推理和判断，识别某些数是否为有理数，训练他们的思维判断能力。

3. 情感与态度

（1）激励学生积极参与教学活动，提高其学习数学的热情。

（2）引导学生充分进行交流、讨论与探索等教学活动，培养他们的合作精神。

（3）了解有关无理数发现的知识，鼓励学生大胆质疑，培养他们为真理而奋斗的精神。

二、教学过程

第一环节：创设情境、提出问题

1. 人文故事——希伯索斯故事

《海神错判》故事由来——约公元600年，毕达哥拉斯学派认为宇宙万物的规律是服从整数化，认为世界上一切现象，都能归结为整数或整数之比。正当毕氏学派津津乐道地高唱"万物皆数"时，该学派的一位成员希伯索斯利用推理的方法发现，边长为1的正方形的对角线的长既不是整数，也不是整数的比（分数）所能表示的。这个发现被人们看成是"荒谬"和违反常识的事。对于只有整数和整数比概念的他们来说，这意味着边长为1的正方形的对角线的长竟然不能用任何"数"来表示！这在数学史上称为第一次数学危机。最后希伯索斯的发现没有被毕达哥拉斯学派的信徒接受，相传就因为这一发现，毕达哥拉斯学派把希伯索斯投入大海中处死。

设计意图： 通过故事的引入，巧妙设问，使学生对无理数产生了强烈的探究欲望，并形成探究的动力，从而引发学生的思考，产生探究的兴趣与热情。

第二环节：自主探究、合作交流

2. **请将下列分数转化成小数的形式**

$\dfrac{7}{2}$，$\dfrac{3}{25}$，$\dfrac{8}{3}$，$\dfrac{22}{7}$，…，谈谈你对小数和分数的认识？

设计意图： 故事引入，激发学生的学习欲望，通过转化，让学生明晰分数可以写成有限小数和无限循环小数的形式，为下面出现无理数做铺垫。

3. **感受无限不循环小数**

（1）请你谈谈对圆周率的认识。

（2）如此构造一个数：7.808008000800008…（每两个8之间多一个0）

（3）请一个同学在讲台上掷骰子，另一个同学在小数点后写上骰子掷出的数字，如此类推，……出现了一个小数，那么这是一个什么样的小数呢？

（4）以上小数是有理数吗？说说你的想法和认识？

设计意图： 经历圆周率的认识（实实在在存在的数）→人为构造的一个数→感悟到无限不循环小数数字是随机出现的，体会到无限不循环小数是客观存在的，从而对无限不循环小数有了初步的认识。

第三环节：练习巩固、演绎提升

4. 探寻无限不循环小数

（1）剪拼：尝试将两个面积为 1 的正方形通过剪拼，拼成一个大正方形。

（2）想一想：大正方形的面积是多少？大正方形的边长是多少？

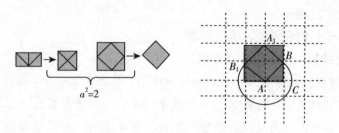

图 3 – 2 – 9

设计意图：引出 $\sqrt{2}$ 的产生，$\sqrt{2}$ 的大小探究，$\sqrt{2}$ 在数轴上的表示。

（3）感受：对照图形，估计点 C 对应的数是多少？

（4）如图 3 – 2 – 9 中，点 C 对应的数，可能是整数吗？若不是，它在哪两个整数之间？为什么？（夹逼法）

设计意图：通过判断剪图拼图、作图活动，经历思考、交流，试图让学生体会现实生活中确实存在他们并不了解的数。

第四环节：评价反思、应用迁移

（1）以点带面，解决"类"的问题。$\sqrt{2}$ 是无理数，那么 $\sqrt{3}$ 呢？$\sqrt{4}$，$\sqrt{5}$ 呢？……

设计意图：从特殊到一般的推广和由此及彼的推广，由点切入面，扩展学生的知识认知的广度。

（2）正三角形 ABC 的边长为 2，高为 h，h 可能是整数吗？可能是分数吗？

（3）由 16 个边长为 1 的小正方形拼成的，任意连接这些小正方形的若干个顶点，可得到一些线段，试分别找出两条长度是有理数的线段和三条长度不是有理数的线段。

设计意图：练习的目的既是检查又是巩固、深化，可以帮助学生对本节课所学的知识形成更为清晰和深刻的认识，同时可以让学生在探索与被肯定当中获得积极的情感体验。

教学反思：本案例是一节探究式课堂教学设计，整个教学设计贯穿了学生自主建构知识这一主线，教师以"问题引导式"引导学生发现问题、提出问题、解决问题，抓住了探究式教学的本质和核心，充分调动了学生学习的主动性，体现出以下几个特点。

(1) 激发了学生的探究欲望，引发思维认识冲突。

问题是数学的心脏，也是数学教学的核心。恰当地提出问题是把学生引导到互动探究过程中来的第一步。问题要引导学生的质疑、探究、发现的冲动和欲望，让学生在质疑、探究、发现中自主学习，并获得知识和经验。学生是知识的主动建构者，学生对所探究问题的热情程度及探究过程中所表现出来的精神状态和情绪，直接影响着教学效果。通过故事、生活实例等创设情境的引入，巧妙设问，激发学生强烈的探究欲望，并形成探究的动力，引发学生思维的张力，产生探究的兴趣与热情。

(2) 引导学生对问题提出猜想或假设，获得针对猜想或假设的有关信息。

课堂教学中的探究是从学生已有知识出发的（有理数）主动地探求新的知识（无理数）的过程；在探求知识的过程中提出假设，尝试去分析问题和解决提出的问题，体验知识产生，理解知识，掌握知识。

(3) 充分体现学生探究的自主性，有效锻炼学生的思维能力。

整节课堂教师应坚持启发引导，开发学生的创造潜能，培养实践能力，教师通过表扬、激励等手段鼓励学生大胆去探究，增强克服困难的信心，体会成功的喜悦。

(4) 让学生体验探究的过程，领悟科学研究的方法。

学生在课堂教学中的探究应体现探究的特征、方法和过程，但这种探究学习与科学家进行探讨的目的、意义有着很大的不同，从某种意义来讲，这种探究学习体现了科学研究的一般历程："设想—探究—猜想—验证—应用"。让学生在经历中感悟科学研究的一般方法，提高学生的科学素养。

总之，通过本节课的教学的实践，突出学生在课堂上的主体地位，转变了学生被动接受知识的学习方式，创造了一个充满生机、积极探究的课堂教学氛围，张扬了学生的个性，挖掘了学生的潜能。学生通过自主参与探究活动中来，学生通过参与探究问题的体验，加深对学习价值的认识，使学生在思想意识、情感意识、思维能力等方面得到提升。当然，这则教学案例还有不少需要改进的地方，秉承"路漫漫其修远兮，吾将上下而求索"的精神，有待在今后的教学实践中进一步完善。

三、五种课型

数学课由于教学目标、教学目的、教学内容的不同，使所有的数学课型不能使用统一的、固定的模式。为了实施高效的数学教学，根据教学内容的特点可以把数学课分为以下五种类型进行研究，即概念课型、规律课型（定义、定理、法则、公式）、问题解决课型（习题、例题）、复习课、数学活动课。

第三节　初中数学探究式教学的实施教学策略

一、问题驱动策略

问题驱动是指教师有目的地引入或创设具有一定感情色彩的、生动的场景，这些特定的情境，提供了调动人的原有认知结构的某些线索，起到一种唤醒或启迪智慧的作用，同时也可以吸引学生的注意力，提高学生的学习兴趣。情境的创设要从学生的立场出发，通过"问题情境"驱动学生学习，驱动学生深入思考，理解数学的本质，其关键是设计有效的驱动问题，即在特定内容学习之前能够刺激学生产生学习动机，引起学生学习欲望；或在学习进行中能够引起学生深入思考问题或提出问题。目的是通过问题驱动唤醒探究意识，引发学生思考，提高课堂的自主度。通过问题的预设和生成，驱动学生主动投入"问题解决"的生生、师生互动中，把知识问题化，用精心设计的问题来代替乏味的陈述，让学生的思考参与到教学中。问题驱动策略是强化学生的问题意识与拓展学生思维的一种教学策略。

1. 创设问题情境激发——引导探究

创设情境除了激发兴趣、感受数学价值外，一个重要的目的就是提出数学问题，让学生进行探究。以学生感兴趣的内容，如数学故事、数学史、历史典故、名人轶事、笑话、儿歌等学生感兴趣的方式创设问题情境，更容易吸引学生的注意力，激发学生学习数学的兴趣。

好奇之心人皆有之，强烈的好奇心会增强人们对外界信息的敏感性，激发思维。教师设计提问时，要充分顾及学生的兴趣点，使学生出于对知识的饥饿状态，从而产生强烈的学习动机，使学生思维的火花得到迸发。

教学"平行四边形的性质"一课时，设计如下情境问题：

一位饱经沧桑的老人，经过一辈子的辛勤劳动，到了晚年的时候，终于拥有了一块平行四边形的土地，由于年迈体弱，他决定把这块土地分给他的四个孩子，如图 3 - 3 - 1 所示：

图 3 - 3 - 1

当四个孩子看到时，争论不休，都认为自己分的地少。同学们，你认为老人这样分合理吗？为什么？

2. 通过课堂中的追问——引发质疑

在课堂中追问的目的是让学生思维处于活跃状态，从而引发学生质疑，生成问题。

"三线八角"教学片段：

问题 1：对顶角、邻补角是怎样形成的？我们是怎样研究它们的性质的？

问题 2：接下来，你打算研究什么？怎样去研究？

问题 3：请你们画出一条直线与两条直线分别相交的图形（三条直线不相交于同一点）。并请思考：图中共得到几个角？你能将这些角分类吗？

问题 4：如图 3 - 3 - 2 所示，请同学们细心观察，∠1 与∠5、∠6、∠7、∠8 的位置，它们有着怎样的共同特征？并验证∠2 与∠5、∠6、∠7、∠8 的位置，∠3 与∠5、∠6、∠7、∠8 的位置，∠4 与∠5、∠6、∠7、∠8 的位置是否也符合这个特征。

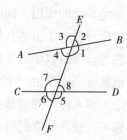

图 3 - 3 - 2

问题 5：你能说出∠1 与∠5 的位置特征吗？

问题 6：与∠1、∠5 具有相同位置关系的角还有哪几对？

问题 7：类比∠1 与∠5 的方法，请同学们继续研究∠1 与∠7，∠1 与∠8。

教学内容能否成功地传授给学生，很大程度上取决于教师对教学重点、难点、关键点的把握。数学教材中有些重点和难点枯燥乏味，如果纯粹地由教师讲解，学生可能很难理解或只是一知半解。如果教师在教学时设置恰当的驱动问题，让学生投入问题的活动操作中，不仅解决了问题，同时也提高了学生的思维，起到事半功倍之效。由于教师注意在知识的混淆点、关键点、联系点、发散点等处设计驱动问题，驱动问题的设计又注意到了探究性和系统性，学生能在好奇心的驱使下理解数学的本质，形成解决问题的一些基本策略，进而提高了数学能力。

3. 在概念形成中触发——认知冲突

数学概念是基于问题发生于认知冲突而出现的，因此，问题可以在概念形成过程中诱发，引导学生思考。

"无理数"教学片段：

（1）请将下列分数转化成小数的形式。

$$\frac{7}{2}, \frac{3}{25}, \frac{8}{3}, \frac{22}{7}, \cdots$$

谈谈你对小数和分数的认识?

故事引入,激发学生的学习欲望,通过转化,让学生明晰分数可以写成有限小数和无限循环小数的形式,为下面出现无理数做铺垫。

(2)感受无限不循环小数。

① 请你谈谈对圆周率的认识。

② 如此构造一个数:7.808008000800008…(每两个8之间多一个0)

③ 请一个同学在讲台上掷骰子,另一个同学在小数点后写上骰子掷出的数字,如此类推,出现了一个小数,那么这是一个什么样的小数呢?

④ 以上小数是有理数吗?说说你的想法和认识?

经历圆周率的认识(实实在在存在的数)→人为构造的一个数→感悟到无限不循环小数数字是随机出现的,体会到无限不循环小数是客观存在的,对无限不循环小数有了初步的认识。

将实际问题抽象成具体数学问题,通过回归已有知识,使学生发生认知冲突,从而形成新的概念(图3-3-3)。

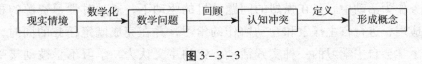

图3-3-3

"平均数"教学片段:

一家公司打算招聘一名英文翻译,对甲、乙两名候选人进行听、说、读、写的英语水平测试,他们各项的成绩(百分制)见表3-3-1:

表3-3-1

应试者	听	说	读	写
甲	85	78	85	73
乙	73	80	82	83

问题1:如果这家公司想招一名综合能力较强的翻译,该录用谁?录用的依据是什么?

问题2:如果这家公司想招一名笔试能力较强的翻译,能否同等看待听、说、读、写的成绩?如果听、说、读、写成绩按照2:1:3:4的比确定,应该录取谁？

问题3：用算术平均数解决问题2，合理吗？为什么？

问题4："听、说、读、写成绩按照2:1:3:4的比确定"，说明在计算平均数中比较侧重哪些成绩？

问题5：如何在计算平均数时体现听、说、读、写的差别？

问题6：如果这家公司想招一名口语能力较强的翻译，应该侧重哪些项的成绩？如果听、说、读、写成绩按照3:3:2:2的比确定两人的测试成绩，那么谁将被录取？

问题7：你认为问题1中各数据的权有什么关系？通过上述问题的解决，说说你对权的认识。

教师有目的地引出新问题情境的认知冲突，促使学生积极参与到学习过程中，教师学生共同活动，增强数学观念，并有效地思考。在获取知识方面，重视培养学生对新问题的敏感性，让学生感悟、体验学习的过程。

二、任务驱动策略

任务驱动是指在学习过程中，学生在教师的帮助下，紧紧围绕一个共同的任务作为活动中心，在强烈的问题动机的驱动下，通过对学习资源的积极主动应用，进行自主探索和互动协作的学习，并在完成既定任务的同时，引导学生学会自主学习的一种实践活动。建构主义认为，学习不是被动接受已定的知识，而是学生主动在内部建构知识意义的过程，学生的学习是受社会文化系统、与教师和同伴的相互作用及自己的原有经验等影响的主动学习，因此，教学不应"由外而内"的注入，而应是"由内而外"的主动吸收。整个过程都是紧紧围绕"任务"在不停地学习、探索和协作，学生学到了知识，锻炼了能力。而教师在整个过程中是以引导者的身份在学生学习的过程中提出一些要求，给予适当的建议，并适时进行引导。任务驱动一个很显著的特点就是给了学生充分的自由，学生成了学习的主体，改变了传统的"教师讲、学生听"的以教定学的教学模式，创造了以学定教、学生主动参与、自主合作、探索创新的新型的学习方式。

1. 在实验操作中聚焦——启思引探

实验操作是培养学生观察想象和逻辑思维能力的重要载体，通过观察操作中的现象，猜想数学结论，也可以通过操作，验证逻辑推理得到结论，还可以通过操作巩固数学结论（图3-3-4）。

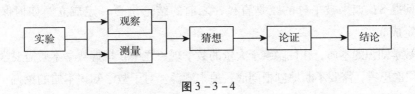

图 3 - 3 - 4

"垂直于弦的直径"教学片段：

活动1：互动探究：用纸剪一个圆，沿着圆的任意一条直径对折。

问题1：你发现了什么？

问题2：由此你能得到什么结论？

活动2：如图 3 - 3 - 5 所示，AB 是 ⊙O 的一条弦，作直径 CD，使 $CD \perp AB$，垂足为 E。

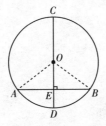

图 3 - 3 - 5

问题3：图 3 - 3 - 6 是轴对称图形吗？如果是，它的对称轴是什么？

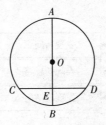

图 3 - 3 - 6

问题4：你能发现图中有哪些相等的线段和弧吗？为什么？试着用自己的语言归纳你的发现。

问题5：垂径定理所满足的条件是什么？结论是什么？

问题6：如果把上述定理的结论平分弦作为条件，那么直径垂直于弦吗？并且平分弦所对的两条弧吗？

问题7：已知 CD 是 ⊙O 的一条弦，作直径 AB 交 CD 于 E，使 $CE = DE$，那么可得到结论有哪些？（自己画图）试着用自己的语言归纳你的发现。

问题 8：如果被平分的弦是直径，之前的结论是否一定成立？如何保证推论一定成立？

数学知识的本质，往往隐藏于大量的数学现象之中，把握数学本质需要学生进行深层次思考，需要不断地刨根问底，追本溯源。对于数学知识本质的挖掘，需要经过教师精心设计问题进行引导。恰到好处的课堂提问，能有效地激发学生的好奇心和想象力，燃起学生对知识的探究热情，从而极大地提升课堂教学质量。

2. 在解决问题中关注——质疑探究

数学的学习过程就是不断发现、提出问题，并在解决问题中建构数学知识，形成数学能力的过程。

请研究二次函数 $y = x^2 + 4x + 3$ 的图像及其性质（图 3 - 3 - 7），并尽可能多地写出有关结论。

学生可能提出如下问题：

（1）图像的开口方向。

（2）顶点坐标。

（3）对称轴。

（4）图像与 x 轴的交点坐标。

（5）图像与 y 轴的交点坐标。

（6）最大值或最小值。

（7）图像的平移。

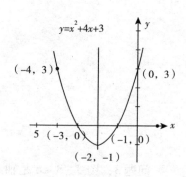

图 3 - 3 - 7

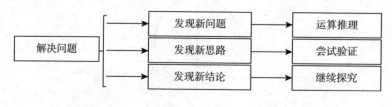

图 3 - 3 - 8

3. 在归纳建构中重视——问题生成

归纳建构是数学课堂教学的重要环节，这个环节除了将所学知识、方法、思想体系化、结构化外，还有一个任务，就是引出新问题，激发学生继续探究的欲望，让课堂回味无穷，为后续的学习埋下伏笔，做好铺垫（图 3 - 3 - 8）。

《课程标准》指出：数学知识的教学，要注重知识的"生长点"与"延伸点"，把每节课教学的知识置于整体知识的体系中，注重知识的结构和体系，处理好局部知识和整体知识的关系，引导学生感受数学的整体性，体会对某些数学知识可以从不同的角度加以分析，从不同程度进行理解。灵活、创造性地使用教材。

在"平行四边形"这节课的复习中，教师如果独立讲完每一种图形的概念、性质和判定后，再去学习下一个图形，对 4 种图形（平行四边形、矩形、菱形、正方形）的关系所涉不深，仅仅介绍一般与特殊的关系，这将导致学生对每个图形的理解不透彻，概念、性质和判定混在一起不清楚，证明过程混乱，出现学了之后就忘的情形。

为了体现知识的结构与体系的整体性，注重知识间的联系和区别，方便复习中进行有机整合。

操作：

（1）将两张不等宽（有两边平行）的纸片叠合在一起（图 3 - 3 - 9）。

（2）旋转其中一张纸片（图 3 - 3 - 10），观察重合部分四边形的图形形状上如何变化，是否有特殊四边形？如果有，是什么特殊四边形？

（3）如上述操作中的不等宽的两张纸片换成两张等宽的纸片（图 3 - 3 - 11，图 3 - 3 - 12），你会发现什么结论？

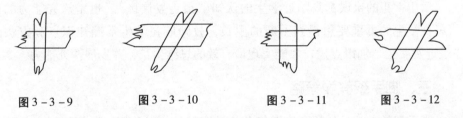

图 3 - 3 - 9　　　图 3 - 3 - 10　　　图 3 - 3 - 11　　　图 3 - 3 - 12

从一般到特殊，又渗透类比思想，将平行四边形、矩形、菱形、正方形的概念及性质从形式和研究方法上进行类比，使学生充分理解其中的联系与区别，提升学生的认知水平，进一步发展学生的空间观念。将各个图形的概念进行对比，学生对概念的理解在对比中升华，数学思维得到有效的培养。

这样的设计要呈现不同知识之间的关联。一些数学知识之间存在着实质性的联系，帮助学生理解类似问题的实质性联系是数学的重要任务。

通过已有问题或认知结构，从内部结构（属性）出发，从不同角度研究，建构新的图形，探究新的结论（图 3 - 3 - 13）。

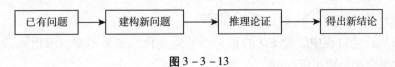

图 3 - 3 - 13

"分式"教学片段：

问题 1：在数学学习过程中，我们遇到过原来的数不够用了，数的范围需要不断扩充的情况。比如从自然数 2，3，4 中任取两个进行相加、相乘，结果还是自然数，但两个数相除就不一定是自然数，于是产生了分数。

问题 2：在整式 2，a，$a+1$ 中任取两个进行加、减、乘、除中的一种运算，你会得到哪些结果？

问题 3：式子 $\dfrac{2}{a}$，$\dfrac{2}{a+1}$，$\dfrac{a+1}{a}$，$\dfrac{a}{a+1}$ 有什么共同特征？这样的式子与分数有什么不同？根据你描述的特征，能给这类式子起个名字吗？

问题设计没有从现实生活中创设情境，而是从学科内部入手，从数系变化的视角，类比分数，引出分式的概念。这样处理既有利于学生理解分数、整式、分式之间的区别与联系，有利于知识体系建构，有利于培养学生从无序到有序思考问题的能力，同时也让学生感受到学习分式的必要性，可谓一举多得。这样的设计自然、连贯，立意更高，思想性更强，数学味更浓。

4. 在释疑纠错中顿悟——发现问题

学生常犯的错误都是贴近学生的认知"最近发展区"，也是探究能力的好素材。学生的思维要想得到不断的生长，教师应在学生掌握知识点和方法的"最近发展区"加以点拨，才能实现最有效的思维生长，并发展探究能力。

三、脚手架教学策略

脚手架教学就是教师事先把复杂的学习任务加以分解，以便将学生的理解引向深入。支架揭示或给予线索，帮助学生在停滞时找到出路；通过提问帮助学生去诊断错误的原因并发展修正的策略；激发学生达到任务所要求的目标的兴趣；指引学生的活动朝向预定目标发展。学生搭建支架，架设学习平台，目的是让学生"跳一跳"就能摘到果子。

例：（2012·遵义）如图 3-3-14 所示，$\triangle ABC$ 是边长为 6 的等边三角形，P 是 AC 边上一动点，由 A 向 C 运动（与 A，C 不重合），Q 是 CB 延长线上一点，与点 P 同时以相同的速度由 B 向 CB 延长线方向运动（Q 不与 B 重合），过 P 作 $PE \perp AB$ 于 E，连接 PQ 交 AB 于 D。

（1）当 $\angle BQD = 30°$ 时，求 AP 的长。

（2）运动过程中线段 ED 的长是否发生变化？如果不变，求出线段 ED 的长；如果变化，请说明理由。

教学时，可以先设置如下问题，让学生进行探究。

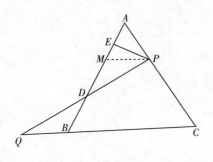

图 3 – 3 – 14

问题 1：已知线段 $AB = 8\text{cm}$，点 M 为 AB 的中点，D，E 分别为 BM，AM 的中点，求 DE 的长度（图 3 – 3 – 15）。

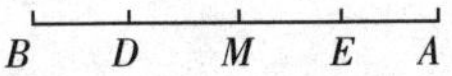

图 3 – 3 – 15

问题 2：已知线段 $AB = 8\text{cm}$，点 M 为 AB 的任意一点，D，E 分别为 BM，AM 的中点，求 DE 的长度（图 3 – 3 – 16）。

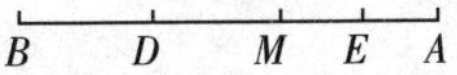

图 3 – 3 – 16

再将问题 2 的图形变换成 2012 年遵义市中考题形式，然后让学生进行探究。此时，学生探究起来就轻松多了。

这样的"搭脚手架"教学策略，原本很难的问题，教师通过"分解合成，以简驭繁"的方式，把复杂问题简单化，用简单方法解决了复杂问题。

第四章

初中数学探究式课堂
教学的案例分析

第一节　概念课型案例分析

案例1　问题教学助成长

——二元一次方程组的教学案例分析

遵义市第十一中学　彭小琼

一、教学前端分析

本节课是人教版《义务教育教科书·数学》七年级下册第八章第一节的内容。从教材的编排来看，本节内容起着承上启下的作用，它是在一元一次方程和二元一次方程的基础上，为了解决含有两个未知数问题而提出来的，也为后面学习二元一次方程组的解法打下了基础，其研究内容主要是二元一次方程组及其解的概念、解二元一次方程组的方法（列表法）和二元一次方程组的实际应用。本节课属于概念课教学。数学学科的内容有其固有的组成规律和逻辑结构，它总是由一些最基本的数学概念作为核心和逻辑起点，形成系统的数学知识，所以数学概念是数学课程的核心，只有真正理解数学概念，才能理解数学。本节课我通过情境教学法、问题启发式教学，让学生理解相关的概念。二元一次方程组是刻画现实世界数量关系的有效模型，是解决含有两个未知数问题的重要工具，研究二元一次方程组我采用的是从特殊到一般、从具体到抽象、代入和类比等思想方法，这些都对后续的学习有着指导的作用。

二、教学过程设计

环节一：创设情境、提出问题

（多媒体展示图片）在某次篮球联赛中，比赛规则是：每场比赛都要分出胜负，每队胜一场得 2 分，负一场得 1 分。姚明所在的火箭队在 10 场比赛中得到 16 分，那么这个队胜负场数应分别是多少？

问题 1：你会用一元一次方程解决这个问题吗？

问题2：设这个队胜 x 场，负 y 场，你能根据题意列出方程吗？

问题3：设一个未知数列一个方程简单还是设两个未知数列两个方程简单？

事实上，许多实际问题可以转化为两个方程的问题，设两个未知数列两个方程比设一个未知数列一个方程简单。从而引入本节课的课题，既然许多实际问题可以转化为两个方程的问题，那么就有研究这两个方程的必要。这样的两个方程有什么特征？如何求解？本节课我们就来研究这些问题。

设计意图：通过创设学生较为熟悉轻松的问题情境，点燃学生学习新知识的"导火索"，激发学生的学习兴趣，以"我要学"的主人翁姿态投入学习中，并且"会学""乐学"，从而引入新课。

环节二：自主思考、合作探究

探究1：二元一次方程和二元一次方程组的定义。

问题4：仔细观察，说说这3个方程的特征？

追问1：方程中含有几个未知数？

追问2：每个未知数最高次数是几？

追问3：等式两边都是整式吗？

追问4：请你归纳后两个方程的特征。

追问5：请你类比一元一次方程的定义，归纳二元一次方程的定义。

含有两个未知数，并且含未知数的项的次数都是1，像这样的方程叫二元一次方程。

设计意图：学生通过这几个问题的探讨，利用类比的方法进行知识的迁移，让学生的思维经历观察、猜想、类比、归纳的过程，使学生的思维能力、语言能力得以提高；也让学生的思维在对与错的碰撞中，加深对概念的理解。

展现自我：

（1）请判断下列各方程中，哪些是二元一次方程？哪些不是？并说明理由。

① $2x+5y$；② $2x+y+z=1$；③ $\frac{1}{x}+y=20$；④ $x^2+2x+1=0$；⑤ $2a+3b=5$；⑥ $2x+10xy=0$。

（2）试一试：自己列举一个二元一次方程。

设计意图：为加深学生对"含有未知数的项的次数"的内涵的理解，我采取的是让学生通过练习，形成认知冲突，再结合讨论，从而激发学生对"项的次数"的思考，进而完善学生对二元一次方程概念的理解，最后通过学生举例子的活动把"项的次数"形象化。

引导学生探究：

问题 5：方程 $x + y = 10$ 和 $2x + y = 16$ 中的 x 表示同一个量吗？y 呢？若是，它们分别表示什么实际意义？

二元一次方程组的定义：

这个方程组有两个未知数，每个未知数的项的次数都是 1，并且一共有两个方程，像这样的方程组叫作二元一次方程组。

展现自我：下列方程组是二元一次方程组的是（　　　）

A. $\begin{cases} xy = 1 \\ x + y = 1 \end{cases}$　　B. $\begin{cases} \dfrac{x}{2} - \dfrac{y}{2} = 1 \\ x + y = 1 \end{cases}$　　C. $\begin{cases} x + z = 1 \\ x + y = 1 \end{cases}$　　D. $\begin{cases} x + y = 1 \\ \dfrac{1}{x} + y = 1 \end{cases}$

探究 2：解二元一次方程和二元一次方程组的方法——列表法。

问题 6：满足方程 $x + y = 10$ 的 x，y 的值有哪些（表 4 - 1 - 1）？为什么？

表 4 - 1 - 1

x			6						
y									

问题 7：满足方程 $2x + y = 16$ 的 x，y 的值有哪些（表 4 - 1 - 2）？为什么？

表 4 - 1 - 2

x									
y			4						

归纳：使二元一次方程两边的值相等的两个未知数的值，叫作二元一次方程的解。

设计意图：设计此环节，目的有四个：第一，要求学生运用小组合作的学习方式，通过学生自主取值，完成表格中的数据；第二，让学生感受如何得到一个正确的解，只要取定一个未知数的取值，就可以代入方程算出另一个未知数的值，这也就是求二元一次方程解的方法；第三，引导学生运用类比的思想对比一元一次方程的解来给这组数据起个名字，并归纳二元一次方程的解的定义；第四，让学生体会到二元一次方程解的不唯一性。

追问：如果考虑实际意义，满足两个方程的 x，y 的值又有哪些？

问题 8： 是否存在 x，y 的值同时满足 $x+y=10$ 和 $2x+y=16$？

归纳： 二元一次方程组的两个方程的公共解，叫作二元一次方程组的解。

教师补充：

（1）列表法只适用于解未知数是整数且取值个数有限的二元一次方程组。

（2）尽管每个二元一次方程有无数个解，但并不是所有的二元一次方程组都有公共的解。

（3）今后还需进一步研究怎样的二元一次方程组没有公共解，怎样的二元一次方程组有公共解，又有几个公共解。

展现自我： 二元一次方程组 $\begin{cases} x+2y=10 \\ y=2x \end{cases}$ 的解是（　　）

A. $\begin{cases} x=4 \\ y=3 \end{cases}$　　B. $\begin{cases} x=3 \\ y=6 \end{cases}$　　C. $\begin{cases} x=2 \\ y=4 \end{cases}$　　D. $\begin{cases} x=4 \\ y=2 \end{cases}$

归纳总结： 使用代入法就可以验证是不是方程组的解。

设计意图： 学生独立思考完成，让学生通过观察、分析得出结论，使学生在此过程中体验如何检验一组值是否为二元一次方程组的解，从而加深对二元一次方程组解的理解。

环节三：练习巩固、演绎提升

1. 下列不是二元一次方程组的是（　　）

A. $\begin{cases} x+y=3 \\ x-y=1 \end{cases}$　　B. $\begin{cases} x=\dfrac{1}{y} \\ y+x=2 \end{cases}$　　C. $\begin{cases} 5y=15 \\ 3x+2y=8 \end{cases}$　　D. $\begin{cases} 6x+4y=9 \\ y=3x+4 \end{cases}$

2. 以 $\begin{cases} x=1 \\ y=-1 \end{cases}$ 为解的二元一次方程组的是（　　）

A. $\begin{cases} x+y=0 \\ x-y=-1 \end{cases}$　　B. $\begin{cases} x+y=0 \\ x-y=1 \end{cases}$　　C. $\begin{cases} x+y=0 \\ x-y=-2 \end{cases}$　　D. $\begin{cases} x+y=0 \\ x-y=2 \end{cases}$

设计意图： 用这类试题进一步巩固学生学过的知识，发展其分析问题的能力，积极引导学生运用已掌握的数学知识解决实际问题。

环节四：评价反思、应用迁移

回顾本节课的学习过程，回答以下问题：

（1）本节课所学的知识点有哪些？

（2）我们是利用了哪种数学思想学到新知识的？

（3）我们是如何检验一组值是不是二元一次方程（组）解的?

（4）用列表法解二元一次方程（组）需要哪几个步骤？

课后练习：

（1）若 $3x^{p+1} + 5y^{2-q} = 3$ 是一个二元一次方程，则 $p = $ _____，$q = $ _____。

（2）已知关于 $x，y$ 的二元一次方程组 $\begin{cases} x = 1 \\ 2x + ay = 7 \end{cases}$ 的解满足 $x - 2y = 3$，求 a 的值。

设计意图： 让学生进一步理解二元一次方程和二元一次方程组及其解，通过定义找出等量关系，建立方程。让学生掌握用方程的思想解决问题，从而实现质的飞跃，使本节课的知识纵向升华。

三、教学建议与商榷

本节课内容设计紧凑，问题的设置从易到难，易于学生接受，本节课我采用创设问题情境导入新课，通过篮球比赛使学生经历二元一次方程概念的形成过程。一方面可以提高学生学习的兴趣，另一方面也让学生体会学习二元一次方程的必要性。再通过练、算、讲、比等一系列的数学活动，提供给每名学生广阔的活动和认识空间，充分体现了师生交流、同伴交流、小组互动、自主合作探究的学习方式；学生在探索的过程中，相互交流讨论，在活动中主动探索，并体验发现带来的快乐；在展示、交流成果的同时，提高了口头表达能力，强化了自我展示的欲望，从而自觉生成了强烈的学习探索热情。

在教学中我主要处理以下两方面的关系：一方面，初步体现二元一次方程和一元一次方程的类比思想和转化思想。通过与学生熟悉的一元一次方程的类比，让学生找出这两者之间的区别与联系，抓住它们的根本区别在于未知数的个数不同，从而引起解的写法和解的个数的不同，有利于学生更快更容易地接受二元一次方程；同时，让学生判断 $2x + 10xy = 0$ 是否为二元一次方程，通过讨论，引起学生的思考，加深他们对二元一次方程的理解。另一方面，对实际问题的解决，体现了学习二元一次方程的价值，从而激发学生的求知欲望和学习兴趣。

理解二元一次方程（组）的解，是本节课学习的重点和难点。由浅入深、由易到难，由学生观察直接写出简单二元一次方程的一些解，让学生先感悟二元一次方程解的不唯一性，再到如何求二元一次方程的部分解，以及如何检验一组值是否是二元一次方程的解，在寻求解的过程中理解和体会二元一次方程有无数个解，也知道了两个未知数之间不是独立的而是对应的，适合学生的认知规律。

最后在教学过程中努力抓住能培养和提高学生思维能力的契机，让学生进行自主探究，回忆旧知识，进行知识迁移，适时的提问激起学生的思维涟漪，将学生带入深入探究的境界。

案例2　注重学生思维　促进思想转化

——从算式到方程的教学案例分析

遵义市第十一中学　曾治中

一、教学前端分析

方程是代数学的核心内容，正是对于它的研究推动了整个代数的发展。一元一次方程是最基本的方程，对它的理解和掌握为后续内容的学习奠定了基础。方程随着实践的需要而产生，列方程描述问题中的相等关系，解方程使问题中的未知数转化为确定的解，这种以方程为工具解决问题的思想即"方程思想"，它在本章中占有重要地位。首先以实际问题引入新课，运用算术方法给出解答。然后引导学生寻找相等关系，设未知数，列出方程。在各个环节中，教师应注重学生思维的层次性。

二、教学过程设计

进场时循环播放有关方程发展史，配上轻音乐，体现有效课堂的"数学文化价值"。通过介绍新知识的文化背景，为学生学习有关概念进行铺垫。

环节一：创设情境、提出问题

《希腊文集》中有一道关于毕达哥拉斯的问题，毕达哥拉斯是古希腊著名的数学家，生活在公元前六世纪。

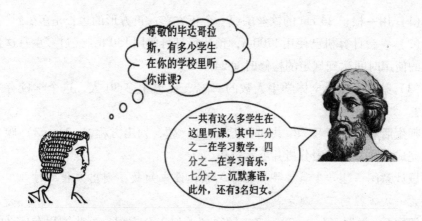

问题1：根据对话信息，你知道有多少学生在听毕达哥拉斯讲课吗？

师生活动：老师展示问题，学生列出算式后，学生讲解算式得到的过程。老师及时肯定或者规范过程，并说明算术方法理解比较困难，然后提出方程方法。

问题2：（1）这个问题中哪些是已知量，哪些是未知量？

（2）设哪个量为未知数？

（3）你能在题目中找到相等的关系吗？如何用式子表示这个关系？

师生活动：教师和学生一起分析，引导学生学会审题，最后学生合作讨论（3）中的问题。

设计意图：教师在引导学生审题的基础上，开展小组合作讨论交流列出方程，并让学生展示，充分体现了学生的自主探究和自主学习。

问题3：什么叫作方程？

师生活动：教师引导学生结合等式的特征，说出方程的定义。学生给出定义后，思考下面的练习，下列式子哪个是方程（　　　）

A. $3+6=9$　　　　B. $1+2a<5$　　　　C. $2x-3$　　　　D. $2x+1=5$

设计意图：这是本章首次正式给出方程的定义，通过练习巩固方程的概念。

问题4：通过刚才用方程解决实际问题，请同学们思考：

（1）列方程的依据是什么？

（2）列方程解决实际问题的基本步骤是什么？

师生活动：教师引导学生思考归纳，最后教师规范语言，并展示结论。

设计意图：归纳得出分析问题中的相等关系并列出方程的方法。

环节二：自主思考、合作探究

根据下列问题，设未知数并列出方程。

（1）用一根长 24 cm 的铁丝围成一个正方形，正方形的边长是多少？

（2）一台计算机已使用 1700 h，预计每月再使用 150 h，经过多少月这台计算机的使用时间达到规定的检修时间 2450 h？

（3）某校女生占全体学生人数的 52%，比男生多 80 人，这个学校有多少学生？

师生活动：教师和学生共同分析第（1）题，列出方程，（2）（3）题学生独立完成，找学生代表分析并展示过程。

设计意图：让学生熟悉寻找相等关系，设未知数，列出方程的过程，为理解一元一次方程的定义奠定基础。

问题 5：根据（1）（2）（3）题得到下列 3 个方程，这些方程有什么共同特征？

（1）$4x = 24$；　　（2）$1700 + 150x = 2450$；　　（3）$0.52x - (1 - 0.52)x = 80$。

师生活动：学生合作讨论这些方程的共同特征，教师引导提示，可以从未知数的个数、次数、等号两边各是怎样的式子来考虑。

归纳：只含有一个未知数，未知数的次数都是 1，等号两边都是整式的方程叫作一元一次方程。

设计意图：运用以上 3 个问题巩固列方程的基本步骤。在归纳方程的特征中，培养学生观察、分析、归纳的能力。

追问 1：元是指什么？为什么把元叫作未知数呢？

师生活动：老师通过查阅资料，通过小视频的形式给学生展示"元"的历史渊源。

练习：下列式子，哪些是一元一次方程？

（1）$\dfrac{x}{2} + 1 = 2$；　　（2）$-2x + 5 = y$；

（3）$3x + 1 = x + 5$；　　（4）$x^2 + x = 2$；

（5）$3m - 1 = 5$；　　（6）$\dfrac{6}{x} = 2$。

设计意图：加深对一元一次方程特征的理解，借此巩固一元一次方程的概念。

问题 6：刚才的毕达哥拉斯问题列出的方程为 $\dfrac{1}{2}x + \dfrac{1}{4}x + \dfrac{1}{7}x + 3 = x$，$x$ 等于多少？

师生活动：教师引导学生通过算术方法算出听课的有 28 人，得到方程的解，然后师生共同验算，体会怎样判断一个数是否是方程的解。

归纳：使方程中等号左右两边相等的未知数的值就是方程的解。

追问：$4x = 24$ 中 x 等于多少？

师生活动：学生进行验算。

思考：判断（1）$x = 5$ 是方程 $1700 + 150x = 2450$ 的解吗？

（2）$x = 1000$ 和 $x = 2000$ 中哪一个是方程 $0.52x - (1 - 0.52)x = 80$ 的解？

设计意图：方程"验根"是对"方程的解"的概念直接应用，要让学生充分理解"左边 = 右边"这一判断标准。

环节三：练习巩固、演绎提升

练习：根据下列问题，设未知数，列出方程。

（1）环形跑道一周长为 400 m，沿跑道跑多少周，可以跑 3000 m？

（2）甲种铅笔每支 0.3 元，乙种铅笔每支 0.6 元，用 9 元钱买了两种铅笔共 20 支，两种铅笔各买了多少支？

（3）一个梯形的下底比上底多 2 cm，高是 5 cm，面积是 40 cm^2，求上底。

（4）用买 10 个大水杯的钱，可以买 15 个小水杯，大水杯比小水杯的单价多 5 元，两种水杯的单价各是多少元？

师生活动：学生板演，其他学生判断和点评，教师及时规范。

设计意图：让学生巩固列方程的基本步骤，渗透建立数学模型的思想。

环节四：评价反思、应用迁移

（1）谈谈这节课你有哪些收获？

（2）已知方程 $-5x^{m-2} + 3 = 0$ 是一元一次方程，则 $m =$ _____。

（3）已知方程 $(m-1)x + 3 = 0$ 是一元一次方程，则 m 满足的条件是 _____。

（4）已知方程 $(m-3)x^{|m|-2} + 3 = 0$ 是一元一次方程，则 $m =$ _____。

设计意图：分层作业，使"不同的学生在数学上得到不同的发展"。

三、教学建议与商榷

以生活中的实际问题为例创设情境，通过学生的观察、思考、尝试，使学生顺利地掌握了知识，思维能力也得到了培养。努力营造一种学生自主探究和合作交流的氛围，引导学生分析思考和归纳总结，进而达到对知识的发现和接受的过程，渗透给学生由实际问题抽象为方程模型这一过程中蕴含的数学思想。充分利用多媒体，以增强直观性，激发了学生的学习兴趣，同时对重难点的突破起到了很好的辅助作用。

案例3 让探究能力自然生长

——分式方程的教学案例分析

遵义市第十一中学 邹 磊

一、教学前端分析

"分式方程"是人教版《义务教育教科书·数学》八年级上册第十五章第三节的内容，可能是考虑到学生的知识基础和接受能力，《课程标准》对解分式方程时可能出现的增根的原因没有具体要求，教材对此也没有进行深入的探究，只是结合具体的例子让学生知道解分式方程时可能产生增根，所以需要验证。本节教学设计为了不让"增根"的处理冲淡课程的重点，要把主要时间和精力放在解法上，通过具体例子、引导学生探究有源（从等式的性质入手），问题驱动有效（自然生成），通过"去分母"依据的是等式的性质，分析无解的原因，让学生知其然也知其所以然，了解对分式方程的解验证的必要性。体验解分式方程验根的必要性，体现了知识的自然过渡、自然生成。方程是刻画数量之间等量关系的重要数学模型，分式方程是不同于整式方程的另一有理方程，它是整式方程的延伸和发展，同时，分式方程具有整式方程不可替代的特殊作用，更适合作为某类问题的数学模型。

二、教学过程设计

环节一：激疑

暑假，老师从红色文化的遵义到美丽的荔波，遵义到荔波的铁路里程约390 km，公路里程约440 km，乘汽车所用的时间大约是乘动车的2倍，动车的平均速度比汽车快50 km/h。乘动车从遵义到荔波需要多少小时？

问题1： 如果设乘动车从遵义到荔波需要 x h，可怎样列方程？

$$\frac{390}{x} - \frac{440}{2x} = 50 \qquad ①$$

问题2： 如果设遵义到荔波的汽车速度为 x km/h，可怎样列方程？

$$\frac{440}{x} = 2 \times \frac{390}{x+50} \qquad ②$$

设计意图： 问题中方程①由学生思考后列出，方程②由教师引导学生得出，以描述实际问题中的等量关系为背景引入新课，学生容易接受，利于思考，同时也让学生体会到了分式方程在现实世界中的真实性。

环节二：探究

问题3： 从结构上看，以上所列的两个方程有何共同点？与我们学习过的一元一次方程又有什么不同之处？

设计意图： 提供两个分式方程是为了找出共同属性，让学生从结构特征上发现两个方程的共同点以及与已学过的整式方程的不同之处，由此抽象出方程的概念。分式方程的特殊性就在于分母中含有未知数，正因为如此，分式方程的解法与整式方程的解法有两个明显的区别：一是通过去分母将分式方程转化为整式方程；二是对解必须进行验证。让学生观察分式方程与整式方程结构上的不同，也就是为接下来的解分式方程做好铺垫。

问题4： 能否给这样的方程起个名字？并说说理由。

设计意图： 从学生已有的经验（整式方程与分式）出发给所得到的"新方程"命名，让学生体会方程概念的"顺理成章"，使学生原有的数学认知结构得到扩充和深化。

归纳： 像这样，分母中含有未知数的方程叫分式方程。

辨一辨： 下列方程，哪些是分式方程？

（1）$\dfrac{1}{2x-3}=\dfrac{1}{3}$；（2）$\dfrac{x+3}{2x-3}=\dfrac{2}{7}$；（3）$\dfrac{1}{x+2}=\dfrac{1}{3}$；（4）$\dfrac{2-x}{x-3}=\dfrac{1}{3-x}-2$；

（5）$y-\dfrac{1}{y}=2$；（6）$\dfrac{6}{1-a^2}=\dfrac{1}{1-a}$。

设计意图： 进一步深化分式方程的概念。

问题5： 我们认识了分式方程，那么接下来我们该学习什么？

设计意图： 让学生从整体上把握学习内容，同时也促进他们对方程学习的基本套路的掌握。

问题6： 如何解分式方程$\dfrac{x+3}{2x-3}=\dfrac{2}{7}$？

学生讨论，讲解探究结果，教师提出下列问题：

（1）怎么做？

（2）怎么想到"去分母"？

（3）"去分母"的目的是什么？

（4）"去分母"的依据是什么？

设计意图： 怎么解？这是这节课的核心问题。通过设置一系列问题驱动学

61

生探究，让学生不仅要知道怎么做、该怎么做，还要知道为什么这么做以及为什么可以这样做。怎么做？怎么想到"去分母"？"去分母"的目的是什么？这三个问题主要围绕着解方程的基本思路展开。在此过程中，引导学生通过分析分式方程的结构特点，自然地得到解分式方程的基本思路，即通过去分母使分式方程转化为整式方程，这样既突出了分式方程在解法上的特点及其算理，又反映了分式方程与整式方程在解法上的内在联系。

本题暂不进行验证，设置"去分母"的依据是什么？这个问题是想为接下来的验根做铺垫。教师进行规范板书，突出示范性。

问题 7：请你归纳上述解分式方程的基本思路和做法？

具体做法：去分母，即方程两边同时乘以最简公分母。

环节三：建构

例：解方程：$\dfrac{2-x}{x-3} = \dfrac{1}{3-x} - 2$。

讲解过程中关注以下两个问题：

（1）最简公分母是什么？

（2）去分母时不要漏乘不含分母的项。

（3）本题去分母后所得整式方程的解为 $x=3$。

问题 8：同学们是否发现哪儿不对劲？

本题中的 $x=3$ 虽然是整式方程的解，但不是分式方程的解，那么我们就说分式方程无解。所以，解分式方程时我们一定要进行验证，即把所求的整式方程的解代入原方程或公分母中去，看分母的值是否为 0。

设计意图：通过本题的解答让学生熟悉解分式方程的基本思路，本题中整式方程的解不是分式方程的解，让学生求出整式方程的解之后再"发现"问题，可以使学生产生认知冲突，增强了对分式方程的解进行验证的必要性的理解。

问题 9：为什么会出现整式方程有解导致分式方程中的分母为 0 呢？问题症结在哪儿？

设计意图：引导学生探究有源（从等式的性质入手），问题驱动有效（自然生成），通过"去分母"依据的是等式的性质，分析无解的原因，让学生知其然也知其所以然，了解对分式方程的解进行验证的必要性。

解分式方程：（1）$\dfrac{6}{1-a^2} = \dfrac{1}{1-a}$；

（2）$\dfrac{390}{x} - \dfrac{440}{2x} = 50$。

设计意图：固化学生解分式方程的做法，并进一步体会其基本思路，进一步理解解分式方程要进行验证。

环节四：迁移

已知关于 x 的分式方程 $\dfrac{x}{x-3} - \dfrac{m}{3-m} = 1$ 无解，求 m 的值。

设计意图：通过上面的例题，让学生进一步体会方程无解的条件，加深对知识的巩固和理解。

三、教学建议与商榷

学生常犯的错误都是贴近学生认知的"最近发展区"，也是探究能力的好素材。学生的思维要想得到不断生长，教师应在学生掌握知识点和方法的"最近发展区"加以点拨，才能实现最有效的思维生长，从而发展探究能力。

本节课通过创设问题情境，列出方程，并从结构上与之前学过的整式方程进行对比，发现不同，由此引出分式方程的概念并进一步提出问题：如何解分式方程。接下来，让学生探究几道分式方程的解法，并形成分式方程解法的一般步骤和基本思路。纵观全过程，这样的设计属于典型的问题驱动，符合学生的认知规律，难度不大，让学生在认知结构上发生冲突，从整式方程有解，出现分式方程无解，教师引导学生从去分母的依据上入手，即探究有源，驱动有效，让学生知其然也知其所以然，了解对分式方程的解要进行验证的必要性，让学生的探究自然生成，让问题的提出与解决实现天衣无缝衔接，同时也体现了问题驱动的有效性。

第二节 规律课型案例分析

将数学公式、公理、定理、性质、法则等内容的课堂教学统称为数学规律课。根据《课标标准》的要求，这类课要重视合情推理，处理好合情推理与演绎推理的关系。这就要求先从已有的事实出发，凭借经验和直觉，通过归纳和类比等推断出某些结果（合情推理），再根据已有的事实（包括定义、公理、定理等）和确立的规则（包括运算的定义、法则、顺序等）按照逻辑推理的法则证明或计算（演绎推理）。

案例 1 揭示数学本质 掌握平移原理

——二次函数 $y = a(x-h)^2 + k$ 的图像和性质的教学案例分析

遵义市第十一中学 庞 磊

一、教学前端分析

本节课是人教版《义务教育教科书·数学》九年级上册"二次函数的图像与性质"第四节课，它是在学生已经学习过一次函数的图像与性质，以及会建立二次函数模型和理解二次函数的有关概念的基础上进行的，它既是对之前所学函数知识的拓展，又是对前几节课学习的二次函数 $y = ax^2$，$y = ax^2 + k$，$y = a(x-h)^2$ 的图像与性质内容的延续和深化，是对二次函数特殊情形的研究，为将来二次函数一般情形的教学乃至高中阶段函数的教学打下基础，做好铺垫。这节课充分体现了数形结合的数学思想，而且无论在知识上，还是对学生动手能力的培养上，都有着十分重要的作用。通过本节课的学习，希望学生会用描点法画二次函数 $y = a(x-h)^2 + k$ 的图像；会应用二次函数 $y = a(x-h)^2 + k$ 的性质解题；掌握二次函数 $y = a(x-h)^2 + k$ 的性质，真正理解把抛物线 $y = ax^2$ 平移至 $y = a(x-h)^2 + k$ 的规律，而不是停留在简单的"左加右减，上加下减"的解题水平上。

二、教学过程设计

环节一：创设情境、提出问题

情境1：抛物线 $y=2x^2$ 经过怎样的平移可以得到抛物线 $y=2(x+1)^2$，$y=2x^2+1$？

设计意图：从数的角度分别复习二次函数的左右平移和上下平移。

情境2：多媒体幻灯片上展示我国古代拱桥图片，通过观察拱桥实际图片及平面图（图4-2-1），复习 $y=ax^2$ 与 $y=a(x-h)^2$ 的关系。

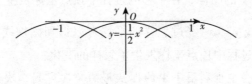

图4-2-1

设计意图：从形的角度复习二次函数的左右平移。

情境3：通过观察糖葫芦实际图片及侧切图（图4-2-2）复习 $y=ax^2$ 与 $y=ax^2+k$ 的关系。

设计意图：利用生活中的实例图片让学生从形的角度复习二次函数的上下平移，与"情景1"的数的角度遥相呼应。

 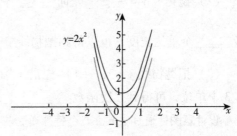

图4-2-2

环节二：自主思考、合作探究

问题1：猜想抛物线 $y=\frac{1}{2}(x+1)^2-1$ 是由抛物线 $y=-\frac{1}{2}x^2$ 经过怎样的平移得到的？再试着猜想一下 $y=-\frac{1}{2}(x+1)^2$ 的顶点坐标和对称轴？

设计意图：先让学生从数的角度猜想二次函数的上下、左右平移。

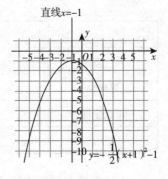

图4-2-3

活动一：画出函数 $y = -\frac{1}{2}(x+1)^2 - 1$ 的图像，指出它的开口方向、顶点与对称轴。

设计意图：让学生动手作图，从形的角度感知二次函数的平移，从而验证自己的猜想，激发对新知识的学习欲望。

问题1：观察图像，想想抛物线 $y = -\frac{1}{2}x^2$ 经过怎样的平移可以得到抛物线 $y = -\frac{1}{2}(x+1)^2 - 1$ 的图像，在平移的过程中顶点坐标发生了怎样的变化？

问题2：抛物线 $y = ax^2$ 经过怎样的平移可以得到抛物线 $y = a(x-h)^2 + k$ 的图像？在平移的过程中顶点坐标发生了怎样的变化？

设计意图：教会学生利用手中的图从形的角度得到二次函数的平移引起了顶点坐标发生了怎样的变化。

环节三：练习巩固、演绎提升

练习一：

（1）把二次函数 $y = 3x^2$ 的图像，先沿 x 轴向左平移 3 个单位，再沿 y 轴向下平移 2 个单位，得到_____的图像。

（2）抛物线 $y = -\frac{1}{5}x^2$ 先向_____平移_____个单位长度，再向_____平移_____个单位长度，可以得到抛物线 $y = -\frac{1}{5}(x-2)^2 + 8$。

（3）把抛物线 $y = (x+1)^2$ 先沿 x 轴向右平移 2 个单位，再沿 y 轴向上平移 3 个单位，可得到二次函数_____的图像。

设计意图：通过学案上几个特殊题目从数的角度得到平移引起一些量的变化。

练习二：我们一起来归纳一下抛物线 $y = a(x-h)^2 + k$ 的性质（表4-2-1）。

表4-2-1

	$a > 0$	$a < 0$
开口方向		
对称轴		
顶点坐标		
最值	当 $x =$ ___ 时，有最___值为___	当 $x =$ ___ 时，有最___值为___

设计意图：经历了特殊值的平移，在总结一般情况下，由二次函数的平移

引起哪些量进行怎样的变化。经历由特殊到一般的过程。

练习三：利用归纳的性质填空（表4－2－2）。

表4－2－2

解析式	开口方向	对称轴	顶点坐标	最值
$y = -5x^2$				当$x=$____时，有最____值为____
$y = \frac{1}{2}x^2 + 4$				当$x=$____时，有最____ 值为____
$y = -3(x-7)^2$				当$x=$____时，有最____值为____
$y = -(x+2)^2 - 9$				当$x=$____时，有最____值为____

设计意图：希望学生利用以上总结的一般规律来巩固新知。

环节四：评价反思、应用迁移

例1：顶点坐标为（1，3），且开口方向和大小与抛物线 $y = -\frac{3}{4}x^2$ 相同的抛物线的解析式为_____。

设计意图：帮助学生初步体会利用顶点式求二次函数解析式，为实际问题"例2"做铺垫，减少学生的解答障碍。

例2：要修建一个圆形喷水池，在池中心竖直安装一根水管，在水管的顶端安一个喷水头，使喷出的抛物线形水柱在与池中心的水平距离为1 m处达到最高，高度为3 m，水柱落地处离池中心3 m，水管应多长？如图4－2－4所示。

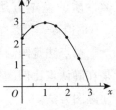

图4－2－4

设计意图：把数学问题生活化，并且利用上述已知解决问题。

三、教学建议与商榷

对于二次函数图像的平移，其实记住口诀就能解决问题，可是，我们在教学中不要仅仅停留在学生能够利用所谓的口诀，比如二次函数图像的平移中的"上加下减，左加右减"或不等式组的求解中的"大大取大，小小取小"等来解决问题，而要体现数学本质，渗透数学思想，培养出有数学思想的学生。让学生知道平移前后引起顶点坐标发生了怎样的变化，为什么会发生这样的变化？从数和形两个角度结合起来让学生体会变化的过程，进而抓住问题的本质。

每一学科都有其独特的思维方式和认识世界的角度，数学也不例外，尤其数学又享有"锻炼思维的体操、启迪智慧的钥匙"的美誉。那如何锻炼思维？如何启迪智慧呢？就需要我们教师认真思考、精心备课、精准设问，让问题贯穿整节课，激发学生的动手、动脑、动口的能力。

案例 2　数形结合百般好

——正比例函数的图像与性质的教学案例分析

遵义市第十一中学　吴湘花

一、教学前端分析

1. 内容

正比例函数的图像及性质。

2. 内容解析

用描点法画函数图像，通过观察图像研究函数的性质，这是直观地认识函数性质的基本方法。增减性是函数的核心性质，函数的其他性质，如最大（小）值等，都是基于这一函数核心性质的拓展。

描点法是画陌生函数图像的方法。两点法是画正比例函数的特殊方法，这是在确认正比例函数的图像为一条直线后，根据两点确定一条直线而得到的简便画图方法。

对正比例函数的图像与性质的认识，需要经过两次概括：首先对一个具体的正比例函数进行概括，这需要观察当自变量的值增大时，函数值是增大还是变小，增大意味着图像上动点的位置从左到右移动时，函数值的增大（或减小）就是动点上升（或下降）；其次是概括一般的正比例函数 $y = kx$ 的增减性与系数 k 的符号之间的关系，这需要对 k 的不同符号对增减性的影响情况进行归纳。

正比例函数性质的核心是其增减性与系数 k 符号之间的关系。在正比例函数的图像与性质的研究过程中，蕴含了数形结合、分类讨论、从特殊到一般的思想和观察、表征、归纳等数学认知活动。

综上所述，本节课的教学重点是，用数形结合的思想方法，通过画图观察，由特殊到一般（先从特殊对象切入，再扩展推广到一般对象），运用不完全归纳法概括正比例函数的性质。

3. **目标和目标解析**

目标：

（1）会画正比例函数的图像，能根据正比例函数的图像，观察归纳出函数的性质，并会简单的应用。

（2）能根据正比例函数的图像和表达式 $y = kx$，理解当 $k > 0$ 和 $k < 0$ 时图像的变化情况，从而理解正比例函数的增减性。逐步培养学生的观察和概括的能力，通过教师指导发现知识，初步培养学生数形结合思想以及由特殊到一般的数学思想。

（3）通过观察图像，运用不完全归纳法概括出正比例函数的性质的活动，发展数学感知、数学表征和数学概括的能力，体会数形结合的思想，发展几何直观。使学生经历由"问题情境—自主探索—猜想验证—得出结论—练习巩固"的数学思维活动过程，从而获得成功的喜悦，感受数学的乐趣，增加数学学习的兴趣。同时，培养学生在交流与合作中的团结协作意识，逐步培养学生实事求是的科学态度。

目标解析：

（1）面对一个陌生的初等函数，观察和归纳是直观认识函数性质的基本方法。在观察了用描点法画出的正比例函数图像后发现它是一条直线，再根据两点确定一条直线获得正比例函数图像的两点画图法。两点法画正比例函数图像是适合于正比例函数的简便画法。要求学生能熟练应用两点法画出一个具体的正比例函数图像。

（2）结合图像理解正比例函数当 $k > 0$ 和 $k < 0$ 时的变化情况，具体表现为：针对具体的正比例函数，能从图像上观察出增减性；知道 k 的符号变化是导致函数图像（直线）的方向变化，进而导致增减性变化的唯一因素；能根据 $k > 0$ 和 $k < 0$ 分别画出函数图像并能确定函数的增减性。

（3）体会数形结合思想，要求学生感受"以图表示数，以数解释形"，并在这种用图形表示数学对象的过程中发展学生的数学直观；发展数学感知能力，要求学生能通过图像的直观观察发现其特征；发展数学表征能力，要求学生会用图像描述变量之间的对应关系，用变量的变化规律解释图形特征；发展数学概括能力，要求学生能在教师的引导下自己概括出正比例函数的性质，并运用其性质解决相关的问题。

4. **教学问题诊断分析**

学生通过学习函数的概念和三种表示方法，初步体会了函数的研究方法。学生对变量之间的关系，对利用图像表示变量之间的关系已有所认识，并能从图像中获取信息，但对于函数与图像的联系还比较陌生，需要教师在教学中引导学生突破函数与图像的对应关系。在具体的学习过程中，如果学生没有经历画图、观察、概括的过程，可能只是记住结论；学生在探究性质时，会跟着老师画图、观察、概括，但在理解、记忆和应用性质时，往往又撇开了图像；学生在观察图像时，往往没有把图像特征通过坐标的意义转化为函数性质，只停留在语义记忆层次上。

基于以上分析，本节课的难点是，以坐标为中介，把函数图像特征解释成变量的对应关系和变化规律。

5. 教学支持条件分析

观察直线 $y = kx$ 的图像，y 随 x 的变化，k 的符号变化导致函数增减性的变化时，需要学生在独立画函数图像、观察图像的基础上，用电脑动画充分展示其运动变化过程，这有助于学生理解和记忆。

6. 教材教法

本节课我选用了引导发现法和直观演示法，本节课的难点是探究正比例函数的性质，通过教师的引导，启发调动学生的积极性，让学生在课堂上多活动（画图）、多观察（图像），主动参与到整个教学活动中来，最后发现其性质，这符合"要把学生学习知识当作认识事物的过程来进行教学"的现代教育理论观点，也符合自觉性和积极性、教师的主导作用与学生的主体地位相统一的原则。

7. 学法指导

通过本节课的教学，教师引导学生学会了观察、归纳的方法。本节课的教学中，学生通过观察、比较概括出正比例函数的特点，通过对一些不同图像的讨论、归纳，在与老师的交流中学习知识，提高分析解决问题的能力，在画图过程中培养学生动手动脑的能力，从而达到"学会"和"会学"的目的。

二、教学过程设计

环节一：创设情境、提出问题

游戏导入： 切水果游戏，"下列哪些函数是正比例函数？"

师生活动： 用"班级优化大师"随机抽取两名学生上讲台完成，其余同学当评委。

设计意图： 以轻松有趣的游戏活动激发学生的学习兴趣，复习正比例函数的解析式。

问题 1：前面我们学习了正比例函数的概念，你能写出两个具体的正比例函数的解析式吗？什么叫正比例函数？

问题 2：我们知道函数有三种表示方法：解析式法、图像法、列表法。正比例函数的图像是什么样的图形，具有什么性质呢？

师生活动：学生随便写出几个正比例函数的解析式，如 $y = 2x$，$y = -3x$ 等。

设计意图：回顾正比例函数的概念。开放性地先让学生写出几个简单的正比例函数解析式，既是为了帮助学生回顾正比例函数的概念，也是为了后面研究正比例函数的性质做好铺垫。

环节二：自主思考、合作探究

问题 3：让我们从具体的函数 $y = x$（表 4 – 2 – 3）开始，怎么画出它的图像呢？

表 4 – 2 – 3

x							
y							

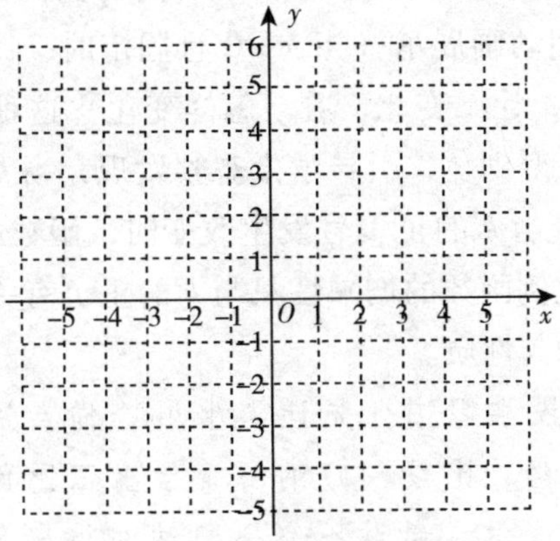

图 4 – 2 – 5

师生活动：在学生说出画图像的一般步骤（列表、描点、连线）后，教师在多媒体上演示画 $y = x$ 的过程，带领学生画第一个正比例函数的图像（图 4 – 2 – 5）。

设计意图：根据研究步骤，引导学生用描点法画正比例函数的图像。

问题 4：这个正比例函数的图像是什么图形？是否所有的正比例函数的图像都是如此呢？同学们自己动手画一个正比例函数的图像进行研究吧。

师生活动：请同学们用同样的方法分组画图，两位学生在"班班通"设备上画图，其余同学在纸上画图，1、3、5、7 组同学画出 $y = 2x$ 的图像，2、4、6、8 组的同学画出 $y = -2x$ 的图像，并仔细观察图形的形状，每一桌同桌开展对比研究，认真讨论。

设计意图：让学生亲自动手实践，画出比例系数 k 不同的正比例函数的图像，直观观察，对比研究，发现图像仍然是直线（它们的共性）。

师生活动设计意图：让学生在亲自动手实践的过程中感受"两点法"的优越性。

问题 5：正比例函数的图像经过哪几个象限？

追问：能进一步说出随着 x 值的变化，y 的值随之怎样变化吗？

师生活动：教师引导学生再次观察所画的函数图像，学生讨论，小组推出代表说出发现的结论。

设计意图：引导学生观察特殊的正比例函数的图像的升降，探究正比例函数的增减性。

问题 6：对于一般的正比例函数 $y = kx$，是否都具备这些性质？

师生活动：教师用多媒体动画演示 k 取不同的值，观察图形的形状。在学生得到结论后，教师用动画展示（当 $k > 0$ 且固定时，让 x 变化，看 y 怎样变化；当 $k < 0$ 且固定时，让 x 变化，看 y 怎样变化）这种变化规律。在此基础上，通过让 k 的值从正变到负，引导学生观察发现，当 k 的正负号不变时，函数的增减性是一致的；当 k 的正负号发生改变时，函数的增减性也随之变化，从而在直观上验证正比例函数的增减性只与 k 的正负有关。教师可用思维导图呈现正比例函数的图像与性质。

设计意图：本阶段学习中，先让学生用"描点法"画出两个具体函数图像，然后通过观察、比较、归纳，概括出正比例函数的性质。再通过教师的多媒体动画演示，通过不完全归纳法得出正比例函数的图像都是一条经过原点的直线。把几个特殊的正比例函数的图像形状得到的结论推广到一般的正比例函数上。

为了让学生更深刻地理解函数增减性与系数 k 的关系，采用"数学画板"工具制作动画，让学生通过动态的视觉感知和语言表达，进一步理解系数 k 对正比例函数的增减性的影响。促进学生的知识自然生成，培养学生的思考与语言表达能力。

问题 7：既然正比例函数的图像是一条直线，那么几何中的直线是怎样确定的？由此，能得到画正比例函数图像的简便方法吗？

师生活动：得到画正比例函数的简便方法——两点法。

设计意图：结合"两点确定一条直线"，引导学生自然、合理地发现可用"两点法"简便地画正比例函数的图像。

问题8：用"两点法"画出一个正比例函数图像时需确定两个怎样的点的坐标？

师生活动：师生共同讨论，学生发表看法，达成一致，可以用（0，0）和（1，k）或根据实际需要用（0，0）和另一个整数点坐标画图。

设计意图：培养学生树立优化意识，选择省时省力的最优方法。

环节三：练习巩固、演绎提升

（1）正比例函数 $y = -3x$ 的大致图像是（　　　）

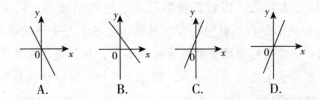

A.　　　　　　B.　　　　　　C.　　　　　　D.

（2）已知正比例函数 $y = （3k - 1）x$，若 y 随 x 的增大而增大，则 k 的取值范围为（　　　）

A. $k < 0$　　　　B. $k > 0$　　　　C. $k < \dfrac{1}{3}$　　　　D. $k > \dfrac{1}{3}$

（3）若正比例函数 $y = （m + 1）x$ 的图像经过第二、四象限，则 m _____。

（4）正比例函数 $y = kx$，当 $x = 1$ 时，$y = 2$，则 $k =$ _____，图像经过第 _____ 象限，y 随 x 的增大而_____。

（5）已知点 $A（x_1，y_1）$，点 $B（x_2，y_2）$ 在正比例函数 $y = -\dfrac{1}{2}x$ 的图像上，若 $x_1 < x_2$，则 y_1 _____ y_2。

师生活动：学生独立思考，完成练习，并进行相互交流评价，老师进行适时指导。

设计意图：通过由易到难的5道课堂练习题，有梯度地考查正比例函数的增减性和图像特征之间的关系。帮助学生加深对所学知识的理解与认识，从而达到学以致用的目的。

师生活动：游戏活动"森林运动会"，抽取两名学生上台比赛。

设计意图：以有趣的竞技活动全方位巩固正比例函数的解析式，图像增减性。

环节四：评价反思、应用迁移

如图 4 - 2 - 6 所示，三个正比例函数的图像分别对应解

析式：

（1）$y = ax$，（2）$y = bx$，（3）$y = cx$。将 a，b，c 从小到

大排列为_____（用 " < " 连接）。

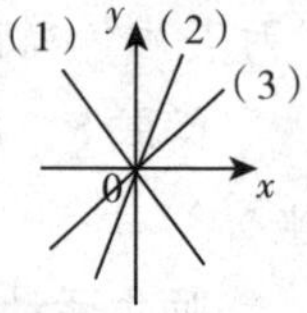

课堂小结：以网络结构的形式呈现本节课的知识及运用到

图 4 - 2 - 6

的数学探究的方法及渗透的数学思想。

师生活动：教师在与学生交流的基础上概括，我们通过"画图像——观察图像——解释坐标意义"的步骤，发现了正比例函数的性质，在性质探究的过程中，"以图表示数，以数解释形"的思想得到成功运用，这种函数性质的探究步骤和数形结合的思想在今后其他函数的学习中仍然很有用。

设计意图：让学生在回顾课堂经历的基础上，从知识、方法等角度总结自己的收获，并通过学生之间相互分享、相互启发和教师概括性地引导来提升学生对正比例函数性质的认识。

案例3 巧设疑 促探究

——平方差公式的教学案例分析

遵义市第十一中学 任孝孟

一、教学前端分析

"平方差公式"是人教版《义务教育教科书·数学》八年级上册第十四章第二节的第一课时的内容，本节内容是继单项式乘以单项式、单项式乘以多项式、多项式乘以多项式和完全平方公式之后的第二个乘法公式，和完全平方公式一样，它也是多项式乘以多项式的一个特例。将这样的一个特例作为公式，对符合公式特征的整式乘法的运算带来方便，也为以后的因式分解、分式的化简、二次根式中的分母有理化、解一元二次方程、函数等内容的学习奠定了基础，所以平方差公式在初中阶段的教学中具有很重要地位。

二、教学过程设计

环节一：创设情境、提出问题

问题1：计算下列多项式的积，你能发现它们的运算结果有什么规律吗？

(1) $(m+2)(m-2)$ = _____ = _____；

(2) $(2x+1)(2x-1)$ = _____ = _____；

(3) $(3x+y)(3x-y)$ = _____ = _____。

设计意图：①承前启后，为本节内容的引入做铺垫；②让学生在每个算式的计算过程中进一步巩固多项式乘法与本节内容的关系——"一般—特殊"；③三个特殊的算式具有代表性和层次性，可以为抽象概括出一般的结论奠定基础。

环节二：自主思考、合作探究

问题2：你能否用文字语言叙述你发现的规律？用数学符号呢？

归纳总结：

两个数的_____与这两个数的_____的_____，等于这两个数的_____，即 $(a+b)(a-b)$ = _____。

学生提问：_____。

设计意图：让学生经历具体—抽象的过程，即经历观察（每个具体的算式及其结果的特点）、比较（不同算式及其结果间的异同）、抽象（不同算式及其结果的共同特征）、概括（可能具有的规律）、推理（论证概括的结果）的过程，从中体会研究数学问题的基本思想方法——"具体—抽象"。

问题3：你能再举几个这样的运算例子吗？

问题4：你能根据下面图形（图4-2-7）的面积说出平方差公式吗？

追问1：长方形的长和宽分别是什么？怎样求面积？

追问2：上述方法表示的面积有什么关系？

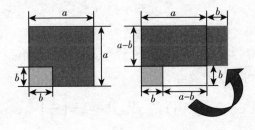

图 4-2-7

设计意图：通过探究活动，让学生认识平方差公式的几何意义，使学生更好地理解这一公式，并在此过程中体会数形结合思想。

环节三：练习巩固、演绎提升

（1）运用平方差公式计算。

① $(3x+2)(3x-2)$；　　② $(-x+2y)(-x-2y)$。

设计意图：让学生熟悉公式的结构特征，找准哪个数或式子相当于公式中的"第一个数 a"，哪个数或式子相当于公式中的"第二个数 b"，并运用公式进行计算。

（2）小试牛刀。

① $(3a+2b)(3a-2b)$；　　② $(-3x+2y)(-3x-2y)$；

③ $(2a-b)(-2a-b)$。

（3）归纳提升。

① $(a+b)(a-b)$；　　② $(-a+b)(-a-b)$；

③ $(b+a)(a-b)$；　　④ $(a-b)(-a-b)$。

学生提问：＿＿＿＿＿＿＿＿＿＿＿＿＿＿＿＿＿＿＿＿＿＿＿。

设计意图：引导学生深入分析平方差公式的结构特征，明确 a，b 的意义，在运用公式进行计算时一定要抓住关键——找准哪个数或式子相当于"第一个数 a"，哪个数或式子相当于"第二个数 b"，通过此过程，突破本节课的难点。

环节四：评价反思、应用迁移

（1）本节课你有什么收获？

设计意图：通过小结，使学生梳理本节课所学的内容，把握本节课的核心——平方差公式，进一步认识公式的结构特征，为运用公式积累经验。

（2）针对练习。

① $(b+2a)(2a-b)$；　　② $(-3a-2)(3a-2)$；

③ 102×98；　　④ $(3x+4)(3x-4)-(3x-2)(3x-2)$。

（3）能力提升。

① 如果 $x+y=-4$，$x-y=8$，那么代数式 x^2-y^2 的值是＿＿＿＿＿。

② 先化简，再求值。

$$x(x+y)-(x-y)(x+y)-y^2，其中 x=\left(\frac{1}{3}\right)^{2016}，y=3^{2016}。$$

设计意图：新旧知识的综合运用和平方差公式在数的乘法中的运用，让学生深刻理解平方差公式的结构特征，明白只有符合公式结构特征的乘法，才能运用公式简化运算，将平方差公式的知识迁移到新的问题情境中，既巩固新知，又培养学生分析和解决问题的能力。

三、教学建议与商榷

（1）在进行教学设计时应提供充分探索与交流的空间，使学生进一步经历观察、实验、猜测、推理、交流、反思等活动，我在设计中让学生从旧知识入手，要求学生找出共同点与规律，学生欣然接受了挑战，通过交流，给出方法，继而通过观察发现了乘法公式，激发学生学习兴趣的同时也激活了学生的思维，所以这个探究过程是很有效的。

（2）课上我在积极引导鼓励学生的前提下，让学生学会一些探究的基本方法与思路，并体会到数学证明的灵巧与和谐美。

（3）加强师生之间的活动也是必要的。在活动中，通过我的组织、引导和鼓励，学生不断地思考和探究，并积极地进行交流，使活动有序进行，我始终以平等、欣赏、尊重的态度参与到学生活动中，营造出一个和谐、宽松的教学环境。

案例4　以问题引领过程　让性质自主呈现

平行四边形性质的教学案例分析

遵义市第十一中学　罗灿光

一、教学前端分析

由于八年级学生在前面学段已经接触过四边形，对四边形的一些知识有了一定的了解，学生对学习特殊的四边形：平行四边形、矩形、菱形、正方形的性质及判定方法并不感到很困难，关键是要弄清这些图形的区别与联系，可以进一步体会证明的必要性，使学生能较顺利地利用综合法证明一些涉及更多几何知识的问题，实现由简单几何图形认识到论证几何的过渡。结合本班学生的认知特点和实际情况，可采用分层教学法，注意突出图形性质的探索过程，以期望取得良好的教学效果。

二、教学过程设计

1. 激疑

我们一起来观察图 4 - 2 - 8 中的竹篱笆格子和汽车的防护链，想一想它们是什么几何图形的形象？

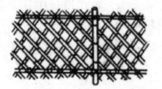

图 4 - 2 - 8

问题 1：平行四边形是我们常见的图形，你还能举出平行四边形在生活中应用的例子吗？

问题 2：你能总结出平行四边形的定义吗？

（1）定义：两组对边分别平行的四边形是平行四边形。

（2）表示：平行四边形用符号"$\square$"来表示。

如图 4 - 2 - 9 所示，在四边形 $ABCD$ 中，$AB \parallel DC$，$AD \parallel BC$，那么四边形 $ABCD$ 是平行四边形。平行四边形 $ABCD$ 记作"$\square ABCD$"，读作"平行四边形 $ABCD$"。

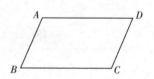

图 4 - 2 - 9

① $\because AB \parallel DC$，$AD \parallel BC$，

$\therefore$ 四边形 $ABCD$ 是平行四边形（判定）。

② $\because$ 四边形 $ABCD$ 是平行四边形，$\therefore AB \parallel DC$，$AD \parallel BC$（性质）。

问题 3：你能写出平行四边形定义的几何语言吗？

平行四边形的定义的几何语言表述：

（1）$\because AB \parallel CD$，$AD \parallel CB$，　　　　　$\therefore$ 四边形 $ABCD$ 是平行四边形。

（2）$\because$ 四边形 $ABCD$ 是平行四边形，　　　　　$\therefore AB \parallel CD$，$AD \parallel CB$。

设计意图：从生活实例中引出平行四边形的概念，激发学生的学习兴趣与求知欲望。

注意：平行四边形中对边是指无公共点的边，对角是指不相邻的角，邻边是指有公共端点的边，邻角是指有一条公共边的两个角。而三角形对边是指一个角的对边，对角是指一条边的对角。

2. 互动新课

活动探究 1：

问题 4：学习了平行四边形的概念后，你能画一个平行四边形吗？请你画出图形。

问题 5：根据你画的平行四边形，观察这个平行四边形，它除了具有平行四边形两组对边分别平行的特点以外，它的边和角之间还有什么关系？度量一下，是不是和你猜想的一致？

（1）由定义知道，平行四边形的对边平行。根据平行线的性质可知，在平行四边形中，相邻的角互为补角。

（2）通过猜想得知，平行四边形的对边相等，平行四边形对角相等。

问题 6：前面我们得到的结论是通过观察和度量得到的，能否加以证明呢？

下面证明这个结论的正确性：

已知：如图 4-2-10 所示 $\Box ABCD$，

求证：$AB = CD$，$CB = AD$，$\angle B = \angle D$，$\angle BAD = \angle BCD$。

分析：连接 $\Box ABCD$ 的对角线 AC，它将平行四边形分成 $\triangle ABC$ 和 $\triangle CDA$，证明这两个三角形全等即可得到结论。

（对角线是解决四边形问题常用的辅助线，通过作对角线，可以把未知问题转化为已知的关于三角形的问题。）

证明：连接 AC，

$\because AB // CD$，$AD // BC$，

$\therefore \angle 1 = \angle 3$，$\angle 2 = \angle 4$。

又 $\because AC = CA$，

$\therefore \triangle ABC \cong \triangle CDA$（ASA），

$\therefore AB = CD$，$CB = AD$，$\angle B = \angle D$。

又 $\because \angle 1 + \angle 4 = \angle 2 + \angle 3$，

$\therefore \angle BAD = \angle BCD$。

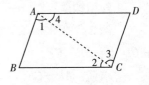

图 4-2-10

由此得到：

平行四边形的性质 $\begin{cases} 边——平行四边形对边相等； \\ 角——平行四边形对角相等。\end{cases}$

学生提问：_____（你可以画出别的辅助线吗？）

设计意图：让学生经历"实验—猜想—证明"的过程，做到人人动手，实践出真知，培养学生严谨的学习态度和作风，激发学生的热情。

活动探究2：

例1：如图4-2-11所示，在平行四边形 *ABCD* 中，*AE⊥BC*，*CF⊥AD*，垂足分别是 *E*，*F*，求证：*BE = DF*。

问题7：判定两个三角形全等有哪些方法？

学生独立完成后，小组交流讨论。

分析：要证 *BE = DF*，需证△*ABE*≌△*CDF*，由于四边形 *ABCD* 是平行四边形，因此有∠*D* = ∠*B*，*AB = CD*，∠*AEB* = ∠*CFD* = 90°，可由"角角边"可得出所需要的结论。

证明：∵ 四边形 *ABCD* 是平行四边形，

∴ ∠*D* = ∠*B*，*AB = CD*。

又∵ *AE⊥BC*，*CF⊥AD*，

∴ ∠*AEB* = ∠*CFD* = 90°，

∴ △*ABE*≌△*CDF*（AAS），

∴ *BE = DF*。

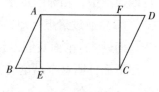

图4-2-11

学生提问：_____（从改变已知条件，解题方法，证明结论等方面提问）。

设计意图：例1是平行四边形性质的实际运用，题目比较简单，其目的就是让学生能运用平行四边形的性质进行有关的推理，讲课时，可以让学生来解答，激发学生的求知欲。

知识构建：

例2：如图4-2-12所示，在平行四边形 *AB-CD* 中，*AE = CF*，

求证：*AF = CE*。

分析：要证 *AF = CE*，需证△*ADF*≌△*CBE*，由于四边形 *ABCD* 是平行四边形，因此有∠*D* = ∠*B*，*AD = BC*，*AB = CD*，又 *AE = CF*，根据等式性质，可得 *BE = DF*。由"边角边"可得出所需要的结论。

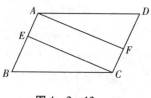

图4-2-12

证明略。

学生提问：_____（从改变已知条件，解题方法，证明结论等方面提问）。

设计意图：例2是补充的一道几何证明题，既让学生学会运用平行四边形的性质进行相关的论证，又让学生从较简单的几何论证开始，提高学生的推理

论证能力和逻辑思维能力，学会演绎几何论证的方法。此题应让学生自己进行推理论证。

3. 知识迁移

随堂练习：

（1）填空。

① 在 $\Box ABCD$ 中，$\angle A = 50°$，则 $\angle B =$ _____ 度，$\angle C =$ _____ 度，$\angle D =$ _____ 度。

② 如果 $\Box ABCD$ 中，$\angle A - \angle B = 240°$，则 $\angle A =$ _____ 度，$\angle B =$ _____ 度，$\angle C =$ _____ 度，$\angle D =$ _____ 度。

③ 如果 $\Box ABCD$ 的周长为 28 cm，且 $AB : BC = 2 : 5$，那么 $AB =$ _____ cm，$BC =$ _____ cm，$CD =$ _____ cm，$AD =$ _____ cm。

（2）如图 4 - 2 - 13 所示，在 $\Box ABCD$ 中，AC 为对角线，$BE \perp AC$，$DF \perp AC$，E，F 为垂足，求证：$BE = DF$。

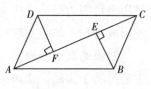

图 4 - 2 - 13

设计意图： 学会应用平行四边形的性质进行证明，培养学生思维的广阔性。

4. 课后练习

（1）（选择）在下列图形的性质中，平行四边形不一定具有的是（　　）

A. 对角相等　　　B. 对角互补　　　C. 邻角互补　　　D. 内角和是 360°

（2）如图 4 - 2 - 14 所示，在 $\Box ABCD$ 中，如果 $EF /\!/ AD$，$GH /\!/ CD$，EF 与 GH 相交于点 O，那么图中的平行四边形一共有（　　）

A. 4 个　　　　　B. 5 个

C. 8 个　　　　　D. 9 个

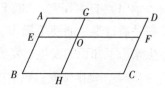

图 4 - 2 - 14

（3）如图 4 - 2 - 15 所示，$AD /\!/ BC$，$AE /\!/ CD$，BD 平分 $\angle ABC$，求证 $AB = CE$。

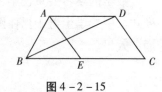

图 4 - 2 - 15

设计意图： 培养学生学会应用平行四边形的性质解决问题，增强学生对平行四边形性质的运用和拓展能力。

5. 课堂小结

问题 8：通过本节课的学习，你有什么收获？

本节课主要学习：

（1）平行四边形的定义：有两组对边分别平行四边形是平行四边形。

（2）平行四边形性质1：平行四边形的对边相等。

平行四边形性质2：平行四边形的对角相等。

设计意图：让学生畅所欲言，培养学生自我反馈、自主发展的意识，使学生在知识、方法、技能、情感和态度等方面均得到发展，让学生学到所需要的知识。

三、教学建议与商榷

本节课在引入的环节上，采用图片提问的方式，唤起学生对已有知识的回顾，接着又动手画一画、量一量平行四边形的边和角，让学生自己动手实践，经历平行四边形的性质这个知识产生的过程，并通过观察、猜想经历知识的发展形成过程，体验发现知识的快乐，变被动接受为主动探究。

知识的真正获得不是靠教师的"告诉"，而在于让学生亲身体验所得，学生通过动手实践，亲历知识的发生、发展的过程，体会运用"观察—实践—猜想—验证—推理"的研究方法，并在探究的过程中学会合作，通过游戏、拼图等寄教学于数学的活动，使学生把所学知识灵活地加以运用，有效地激发了学生的学习兴趣，提高了学习效率。

本节课主要指导学生以下两种学法：

（1）自主探究："纸上得来终觉浅，觉知此事要躬行。"本节课的性质定理都是通过学生的动手操作、观察、实践、猜想、验证、推理等活动得出的，学生亲历了知识的发生、发展、形成的全过程，从而变被动接受为主动探究。

（2）合作交流：教学中鼓励学生积极合作、充分交流，帮助学生在学习活动中获得最大的成功，促进学生学习方式的改变。

数学的学习要重视学习方法的指导，本节课通过由浅入深的练习和灵活的变式，引导学生善于抓住图形的基本特征和题目的内在联系，从而达到触类旁通的效果。

第三节　问题解决课型案例分析

问题解决课型包括：例题讲课、习题讲解，这类课在数学课中占有很大的比重，也是一种很重要的课型。

案例1　动手操作探究　实现有效建构

——圆锥的侧面积和全面积的教学案例分析

遵义市第十一中学　汪　艳

一、教学前端分析

《课程标准》指出："教学活动是师生积极参与、交往互动、共同发展的过程。"有效的教学活动是学生学与教师教的统一，实现课堂上师生之间的教学对话。数学教学活动应经历数学化、探究、再创造的过程。教师创设适当的教学情境，引导学生质疑、探究，在探究实践中学习，在操作中体验，在提炼反思中建构，帮助学生去经历创作的过程，通过"探究式教学"体验知识的发生过程和内在结构，感悟研究问题的方法，提高认知水平。

本节课是人教版《义务教育教科书·数学》九年级上册"圆锥的侧面积和全面积"第2课时，它是在学生已经学习过扇形面积后，操作探究经历自主探索圆锥侧面积和全面积公式的活动过程，发展学生的实践探索能力，学生通过大胆猜想、逻辑推理、合作交流，运用类比、转化、数形结合、分析、归纳等数学思想方法掌握数学知识和技能，获得数学活动经验，从而实现有效建构，促进数学思维的迁移和数学素养的提高。

二、教学过程设计

环节一：激疑（创设情境、问题导引）
开发本源性问题，经历数学化过程。

问题 1：玩具厂欲生产一种圆锥形圣诞老人帽（图 4－3－1），你打算怎么计算用料（不计接缝用料和余料)？

师生活动：教师引导学生，可以把帽子看成一个无底的圆锥，求圆锥的侧面积。

教师追问 1：你对圆锥有哪些认识？

图 4－3－1

师生活动：学生通过自制圆锥模型，回答出圆锥的顶点、底面、高等概念。

教师追问 2：你能在黑板上的圆锥图形中标出这些元素吗？

师生活动：学生在黑板上标出圆锥的相关元素，教师展示圆锥模型，并结合实物介绍圆锥的底面、母线、高等概念。

设计意图：通过生活中的本源问题，在激活原有认知的同时引导学生用数学的眼光审视实际问题，学生经历了将实际问题抽象成数学模型进行研究的过程，一方面提高了数学洞察力和空间想象力，增强了数学意识；另一方面可以使学生的思维前伸，将数学思维植根于经验的土壤。

问题 2：怎样去求圆锥的侧面积？

师生活动：学生分小组实验操作，在自制的圆锥模型上沿圆锥的母线剪开。

教师追问：（1）你发现圆锥的侧面立体图形转化成平面图形后是什么图形吗？

（2）你发现求圆锥侧面积的方法了吗？

师生活动：教师引导学生将圆锥的侧面展开，得到了一个平面图形——扇形，计算扇形的面积就是计算圆锥的侧面积。

设计意图：学生通过实验操作，领悟到把立体图形转化成平面图形的研究方法，让学生初步形成了自觉"转化"的数学意识。

环节二：探究（自主探究、主动建构）

问题 3：请你利用自制圆锥模型对比立体圆锥模型和展开后的图形，从"形"和"数"两方面继续探究它们之间的关系，发现有哪些规律？

师生活动：学生分小组讨论，寻找规律，教师用 flash 展示圆锥展开的过程（图 4－3－2）。

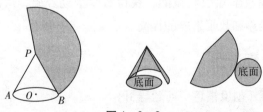

图 4－3－2

发现的规律：（1）三角形 POB 是直角三角形，三边满足 $h^2 + r^2 = l^2$。

（2）圆锥的侧面展开图是扇形。

（3）圆锥的侧面展开图（扇形）的半径 = 圆锥母线的长。

（4）圆锥的侧面展开图（扇形）的弧长 = 圆锥底面圆的周长。

问题 4： 你能推导出圆锥的侧面积的计算公式吗？

师生活动： 师生利用实验操作发展的规律进行开放性合作探究。

（1）展开后由圆心角 n 和圆锥的母线 l，根据 $S_{扇形} = \dfrac{n\pi R^2}{360}$ 得到圆锥的侧面

积公式 $S_{圆锥侧} = \dfrac{n\pi l^2}{360}$。

（2）若圆锥不能剪开，无法量出圆心角的度数，可由底面圆的半径 r 及母

线长 l，根据 $S_{扇形} = \dfrac{1}{2}LR$ 得出圆锥的侧面积公式 $S_{圆锥侧} = \dfrac{1}{2} \cdot 2\pi re = \pi rl$。

问题 5： 你能推导出圆锥的全面积的计算公式吗？

师生活动： 根据圆锥的立体图到平面图形的"转化"可知（图 4 - 3 - 3），圆锥的全面积是由一个底面和一个侧面组成的，所以全面积是 $S_{圆锥全} = S_{圆锥侧} +$

$S_{底} = \pi rl + \pi r^2 = \pi r (l + r)$。

图 4 - 3 - 3

设计意图： 实验操作之后，引导学生观察、感悟转化过程中的"变与不变"，寻找内在关联，养成联想、对比、反思的习惯，从"数"和"形"两方面体会用对比的方法研究立体图形到平面图形的"变与不变"，同时也为推导圆锥的侧面积公式搭建"脚手架"。在推导公式的过程中教师要充分引导学生，发挥学生的想象力，开放性、多途径地去探究答案。通过"探究性学习"，完善知识结构，提高学生活用公式的自觉性及运算能力。

环节三：建构（成果展示、反思评价）

（1）小试牛刀。

① 圆锥底面圆的半径为 6 cm，母线长为 10 cm，则圆锥的侧面积为_____。

② 圆锥的高为 3 cm，母线长为 5 cm，其表面积为_____ cm²。

③ 根据下列条件求圆锥侧面积展开图的圆心角（r、h、l 分别是圆锥的底面半径、高线、母线长），若 $h=3$，$r=4$，则 $n=$＿＿＿＿＿＿＿。

④ 一张半径为 30 cm，圆心角为 120° 的扇形纸片，用它卷成一个圆锥来装爆米花，则这个圆锥的底面半径为＿＿＿＿＿＿＿ cm（不计重叠部分）。

（2）例题讲解。

如果圆锥的底面圆的周长是 20π，侧面展开后所得的圆心角为 120°，求该圆锥的侧面积和全面积。

设计意图：通过一组练习题，巩固本节课的知识，让学生主动建构知识，形成知识结构体系，从而培养运用公式进行计算的能力。

环节四：迁移（拓展提高、课外延伸）

例：在半径为 $\sqrt{2}$ 的圆形纸片中，剪一个圆心角为 90° 的扇形（图 4 - 3 - 4 中的阴影部分），用这个扇形围成一个圆锥（接缝处不计）。

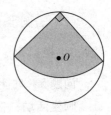

（1）求这个圆锥的侧面积。

（2）能否从剪下的 3 块余料中选取一块，剪出一个作为这个圆锥的底面。

图 4 - 3 - 4

设计意图：本题第（2）问综合性较强，首先要将立体图形到平面的转化经验进行迁移，能反过来把扇形还原成圆锥；其次会自觉运用方程思想、转化思想分析问题。教师先提示学生分"几个步骤"，把问题分解成几个小问题进行探究，为促进学生积极思考搭建"脚手架"。在引导学生直观想象的同时，也要求学生能够推理论证，实现再一次探究。

三、教学建议与商榷

问题是数学的心脏，通过开发生活中的本源性问题，引导学生用数学的眼光看待实际问题，并经历将实际问题抽象成数学模型的过程，由"问题引领探究"把学生带入问题中去，首先必须要注意问题的开放性、深度性，其次在动手操作、公式的推导过程中避免让学生按照指定的方向进行"探究"，而是尽量设置开放性的数学任务，引导学生积极参与和深入思考，高质量的合作学习，同时教师要注意适时搭建"脚手架"，降低问题的难度，避免因问题探究过大，造成没有质量的探究与讨论。要挖掘教材中思维的生长点，对教材进行再创造，力求把枯燥的结论记忆变为解决问题的探究，增加学生的体验感，通过数学操作，感悟转化过程中的"变与不变"，寻找"形"与"数"之间的关联，实现有效建构。数学教学的目的之一就是教会学生思考。在探究性学习中，学生的认知过程表现为主体建构知识、运用高水平的思维和推理解决问题。其中必然隐含着丰富的数学思想、方法和研究问题的一般策略，教学中我们应努力将这些问题的知识显性化，提高学生自觉运用策略性知识的意识，从而不断提高数学素养。

案例2 立足基本形 追寻多题归

——一道与平行线有关的习题的教学案例分析

遵义市第十一中学 余 琼

一、教学前端分析

在数学教学中，教材习题是巨大的教学资源，同时也是由许许多多的经典习题组成的。如何更有效的使用这些习题，提高学生的认知水平，增强学生对数学基本思想的理解，对基本活动经验的积累和迁移，提高他们发现问题、提出问题、分析问题和解决问题的能力。

本节课选自人教版《义务教育教科书·数学》七年级下册 P23 第 7 题，对其进行变式练习，给学生的思维和推理搭"脚手架"，为学生提供原认知方法，引导他们体会相关、相近习题之间的内在联系，在基本图形的基本结论、基本思路和基本方法的内在联系中，体现立足基本图形，追寻多题归一的理念，以促进学生数学核心素养的提升。

二、教学过程设计

环节一：提出问题、引发思考

问题1： 如图 4 – 3 – 5 所示，在同一平面内，直线 AB，CD 被直线 EF 所截，若直线 $AB /\!/ CD$，则：

（1）$\angle 1 =$ _____，根据是什么？

（2）$\angle 4 =$ _____，根据是什么？

（3）$\angle 4 +$ _____ $= 180°$，根据是什么？

问题2： 如图 4 – 3 – 6 所示，直线 a，b，c 被直线 l 所截，量得 $\angle 1 = \angle 2 = \angle 3$。

（1）从 $\angle 1 = \angle 2$ 可得哪两条直线平行，根据是什么？

（2）从 $\angle 1 = \angle 3$ 可得哪两条直线平行，根据是什么？

（3）直线 a，b，c 互相平行吗？根据是什么？

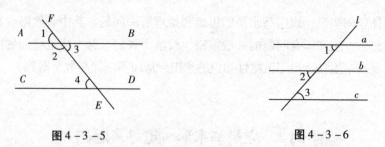

图4-3-5　　　　　　　　图4-3-6

设计意图：平行线的性质是"形"到"数"的说理，即由线与线之间的位置关系推导出角与角之间的数量关系。平行线的判定是"数"到"形"的判断，即由角与角之间的数量关系判断出线与线之间的位置关系。

环节二：自主思考、合作探究

问题3：一学员在广场上练习驾驶汽车，如图4-3-7所示，从A点上车出发，向正东方向行驶至B后，右拐直行到点D处，然后沿着正西方向行驶至点C处下车，设∠ABD＝∠1，∠BDC＝∠2，那么∠1与∠2存在什么数量关系呢？请说明理由。

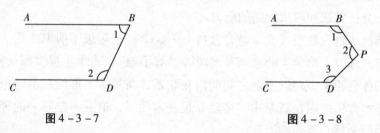

图4-3-7　　　　　　　　图4-3-8

设计意图：通过"U"形图形，∠1，∠2是同旁内角关系，由平行线的性质，得出∠1，∠2的和为180°，为下一个图形研究做铺垫。

问题4：如图4-3-8所示，已知AB∥CD，思考：∠1，∠2，∠3存在什么数量关系呢？为什么？

追问1：∠1与∠2，∠1与∠3，∠2与∠3是同旁内角吗？

追问2：如何进行∠1，∠2，∠3的转化？你这样转化的目的是什么？

生1：过点P作PE∥AB，把∠2分解成∠BPE和∠DPE，而∠BPE与∠1，∠DPE与∠3是同旁内角（图4-3-9）。

生2：过点P作PE∥AB，而∠BPE与∠1，∠DPE与∠3是内错角（图4-3-10）。

生3：连接BD，∠ABD和∠CDB是同旁内角，∠DBP和∠BDP，∠2是△BDP的三个内角（图4-3-11）。

……

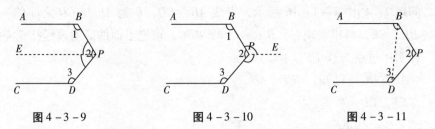

图4-3-9   图4-3-10   图4-3-11

设计意图：有了问题3做好的铺垫，在原有图形变化的基础上，让学生通过类比的方法、平行线的特征，进而转移角的关系，建立数量关系。

环节三：练习巩固、演绎升华

问题5：如图4-3-12所示，$AB /\!/ CD$，$\angle 1 + \angle 2 + \angle 3 + \angle 4 =$ _____。

归纳总结：作顶点平行线→转移角→寻找角的数量关系（图4-3-13）。

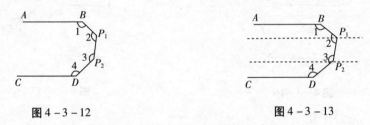

图4-3-12   图4-3-13

设计意图：在问题4的基础上运用类比思想将问题迁移到多个角中，运用前面的"模型"中的"基本图形法"来解决问题，旨在让学生体会从特殊到一般的变化过程。

环节四：评价反思、应用迁移

问题6：如图4-3-14所示，$AB /\!/ CD$，那么$\angle 1$，$\angle 2$，$\angle 3$还存在上述的数量关系吗？为什么？

进一步引导学生归纳总结共性，方法上具有共同特点，都是通过作平行线，构造角相等，找到未知量与已知量之间的关系（图4-3-15）。

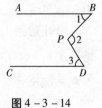

图4-3-14

图4-3-15

问题7：如图4−3−16所示，直线$AB/\!/CD$，E是AB与CD之间的一点，连接BE，CE，可以发现：$\angle B + \angle C = \angle BEC$，请把下面的证明过程补充完整。

证明：过点E作$EF/\!/AB$，

$\because AB/\!/DC$（已知），$EF/\!/AB$，

$\therefore EF/\!/CD$，（　　　　）

$\therefore \angle C = \angle CEF$。（　　　　）

$\because EF/\!/AB$，

$\therefore \angle B = \angle BEF$（同理）。

$\therefore \angle B + \angle C = $ _____（等量代换）。

即$\angle B + \angle C = \angle BEC$。

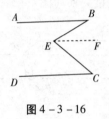

图4−3−16　　　　　　　　图4−3−17

（1）拓展探究。

如果点E运动到图4−3−17所示的位置，其他条件不变，求证：$\angle B + \angle C = 360° - \angle BEC$。

（2）问题解决。

如图4−3−18所示，$AB/\!/CD$，$\angle C = 120°$，$\angle AEC = 80°$，$\angle A = $ _____（直接写出结果）。

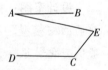

图4−3−18

设计意图：在陌生的图形中构造熟悉的基本图形（借助辅助线），如图4−3−15所示，造成了"角的移动"，有利于正确寻找角的等量关系，体现数学中的转化思想。

三、教学建议与商榷

一系列的变式练习，基于习题自身的特征以及解题方法的内在联系，构造基本图，不仅让学生深刻理解了数学知识，而且能够引导学生灵活运用数学知识，既训练了学生思维的深度和广度，又提高了他们发现问题、提出问题、解决问题和分析问题的能力。通过基本图形（作平行线转移角，建立数量关系）寻求解法的统一规律，将复杂图形抽象出基本图形，将共性抽象出来，形成"一解或多解"，通过基本图形的探究解出此类问题的"通法"，并用"通法"

来解决多类归一的问题，这本身就是一种解题迁移。所以，我们在解题教学中，突出数学思想方法要充分展示典型范例作用，并且在解题学习中注意归纳和概括解题模式，增强学生对数学基本思想的理解，增强学生对数学基本活动经验的积累，促进学生的数学解题能力。

从教材习题出发，通过习题的自身变式，获取基本的活动经验和思想方法，即形成"基本图形的基本结论、基本思路和基本方法"，并将其迁移到后面的变式中，其本身就是一个数学抽象的过程，也相当于建立了一个数学模型——解题模式，并应用这一模式来解决相关的问题。既做到了培养数学学科素养的基本保障——抓基础，即促使学生掌握基本知识和基本技能，又做到了培养数学学科素养的高层次目标——发展能力，即积累基本活动经验，体验基本思想方法。因而也就做到了在变式中提升学生的数学核心素养。

案例3　坚持问题驱动　培养核心素养

——销售中的盈亏问题的教学案例分析

遵义市第十一中学　邹　磊

一、教学前端分析

本节课是人教版《义务教育教科书·数学》七年级上册第三章第四节的内容。从教材的编排来看，本节内容起着一个承上启下的作用。它是继一元一次方程之后，利用一元一次方程解决经营中的盈亏问题，是在学生学习了一般性应用问题的基础上展开的第一个重点探索。由于本节问题的背景和表达都比较贴近实际数量，关系比较隐蔽，正确列方程是主要难点，突破难点的关键是弄清问题背景，分析有关的数量关系，特别是找出可以作为列方程依据的主要数量关系，要顺利地解决这一问题，就要让学生理解与经营相关的一些概念，如进价、标价、售价、利润以及利润率等，并使学生理解方程模型在综合型问题中的作用，感受数学与生活之间的密切联系。同时针对学生的学习心态，抓住难点作为突破口，通过教师的组织引导和学生的自主探索、合作交流，揭示各种数量关系和内在的客观规律，使他们能以愉快的心情树立信心，循序渐进，层层深入，逐步解决问题，从而使探究过程活跃起来，在这样的氛围中可以更好地激发学生的积极思维，使其获得更大收获。

二、教学过程设计

环节一：创设情境、提出问题

（多媒体展示图片）2017 年"双 11"落下帷幕，天猫晒出的最终成绩单是 1682 亿元。提问：为什么人们选择这一天疯狂购物？引入本节课的课题。

问题 1：今年"双 11"期间，我买了一件商品标价为 200 元，优惠打 8 折，思考：

① 你知道我花了多少钱买的这件商品吗？

② 若这件商品的进价为 120 元，商家能赚钱吗？商家赚了多少？

问题 2：若一件商品进价为 100 元，获得利润率为 20%，那么这件商品的利润为多少元？

归纳：

售价 = _____ × _____；利润 = _____ － _____；利润 = _____ × _____。

展现自我：

（1）一件商品标价为 100 元，按八折出售，则售价是_____元。

（2）商品进价是 150 元，售价是 180 元，则利润是_____元。

（3）某商品原来每件零售价是 a 元，现在每件降价 10%，降价后每件零售价是_____元。

（4）一件商品的售价为 60 元，获得利润率为 20%，若设进价为 x 元，则下列式子能表示这件商品的利润为_____（填序号）。

① $20\%x$；② $60 \times 20\%$；③ $60 - x$。

设计意图：通过特殊找一般的思想归纳出销售中盈亏的公式，并通过展现自我环节进一步理解销售中盈亏的公式，同时也为下面例题做铺垫。

环节二：自主探究、合作交流

例：一商店在某一时间以每件60元的价格卖出两件衣服，其中一件盈利25%，另一件亏损25%，卖这两件衣服总的来说是盈利还是亏损，或是不盈不亏？

追问 1：你估计盈亏情况是怎样的？A. 盈利　B. 亏损　C. 不盈不亏

追问 2：问题中哪些是已知量？哪些是未知量？

追问 3：两件衣服的总售价是多少？

追问 4：判断盈亏是否取决两件衣服的总进价？

（1）总进价小于总售价（120）⇒盈利；

（2）总进价大于总售价（120）⇒亏损；

（3）总进价等于总售价（120）⇒不亏不盈。

引导学生探究：

追问5：两件衣服的进价各是多少元？

解：设盈利25%的衣服进价是 x 元，

依题意得 $60 - x = 25\% \, x$。

解得 $x = 48$。

设亏损25%的衣服进价是 y 元，

依题意得 $60 - y = -25\% y$。

解得 $y = 80$。

两件衣服总进价：$x + y = 48 + 80 = 128$（元）。

因为 $120 - 128 = -8$（元），

所以卖这两件衣服共亏损了 8 元。

追问6：与你估计的结论一致吗？

归纳总结：

（1）直观感觉与估算只是一种大概的估计，它们的主观判断有时往往与实际情况大相径庭，需要我们通过准确地计算来检验自己的判断（从特殊到一般）。

（2）通过"不同的方式表示同一个量"找出等量关系，建立方程（方程思想）。

设计意图：此环节教学，设计了六个小问，将问题层层剖析，并通过"不同的方式表示同一个量"找出等量关系，建立方程，从而解决问题，从中体会方程的思想。

环节三：练习巩固、演绎提升

某文具店有两个进价不同的计算器都卖80元，其中一个盈利60%，另一个亏本20%。这次交易是盈是亏，还是不盈不亏？

设计意图：用这类试题进一步巩固学生学习的知识，发展其分析问题的能力，并能掌握一定的思想方法，积极引导学生运用已掌握的数学知识解决实际问题。

环节四：评价反思、应用迁移

（1）课堂小结。

本节课我们通过实际问题（销售问题），列一元一次方程解决实际问题，利用利润、售价、进价、利润率之间的关系，通过用不同的式子来表示同一个量，建立等量关系，得出方程。流程结构图如图4-3-19所示。

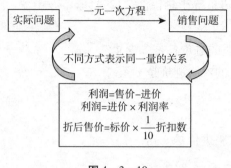

图 4 – 3 – 19

（2）课后练习。

在本课探究的第一个问题中，假如你是商店老板，你能否设计一种方案，适当调整售价，使得销售这两件衣服时不亏本呢？

三、教学建议与商榷

通过"不同的方式表示同一个量"找出等量关系，建立方程，抓住销售问题的本质（五个量之间的关系即三个销售公式），掌握并巩固解题规律。通过销售问题的训练，在教学中紧抓典型例题，挖掘其价值所在，不断引导学生对自己的解题过程进行反思、联想、总结，并将其发散，层层深入，化题为型，凝题成链，结题成网。

教师要转变教学观念，不应把提高学生解题的技巧、获得高分作为唯一的追求目标，更应把眼光放到具有长远意义的能力培养上。让学生真正成为学习的主人，积极引导学生运用已掌握的数学知识解决实际问题。只有这样，才能真正提高学生解决问题的能力，提高学生的数学素养。

案例4　活动探究，追寻生活中的数学

——最短路径问题的教学案例分析

遵义市第十一中学　文义义

一、教学前端分析

这个内容是人教版《义务教育教科书·数学》八年级上册"课题学习最短路径问题"第一课时，在生产和经营中为了省时省力常希望寻求最短路径，因

此最短路径问题在现实生活中是经常遇到的问题。本节课以数学史中的一个经典问题——"将军饮马问题"为载体开展对"最短路径问题"的课题研究，让学生经历将实际问题抽象为数学中的线段和最短问题，再利用轴对称将线段和最小问题转化为"两点之间，线段最短"（或"三角形两边之和大于第三边"）问题的过程，让学生体会数学来源于生活，又服务于生活。

二、教学过程设计

环节一：创设情境、提出问题

相传，古希腊亚历山大里亚城里有一位久负盛名的学者，名叫海伦。有一天，一位将军专程拜访海伦，求教一个百思不得其解的问题：如图 4-3-20 所示，牧马人从 A 地出发，到一条笔直的河边 l 饮马，然后到 B 地。问到河边什么地方饮马可使他所走的路线全程最短？

图 4-3-20

精通数学、物理学的海伦稍加思索，利用轴对称的知识回答了这个问题。这个问题后来被称为"将军饮马问题"。

设计意图：以讲故事的形式来激发学生的学习兴趣。

将实际问题抽象为数学问题。

问题 1：你能将这个问题抽象为数学问题吗？

（1）这是一个实际问题，你打算首先做什么？

（2）你能用自己的语言说明这个问题的意思，并把它抽象为数学问题吗？

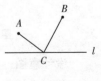

图 4-3-21

于是"将军饮马问题"就转化为：如图 4-3-21 所示，点 A，B 在直线 l 的同侧，点 C 是直线上的一个动点，当点 C 在 l 的什么位置时，AC 与 CB 的和最小？

在河边饮马的地点有无穷多处，把这些地点与 A，B 连接起来的两条线段的长度之和，就是从 A 地到饮马地点，再回到 B 地的路程之和。问题的关键是怎样找出使两条线段长度之和为最短的直线 l 上的点。

设计意图：学生初次接触这种问题通常会觉得有一定的难度，因此让学生带着问题串更有方向性的思考，同时培养学生用图形语言和符号语言表达数学问题的能力，也让学生体会到将实际问题抽象为数学问题这一转化的思想。

环节二：自主探究、合作交流

问题2：如果 A，B 分别在直线 l 的异侧，如图 $4-3-22$ 所示，如何在 l 上找到一个点，使得这个点到点 A，B 的距离之和最短？

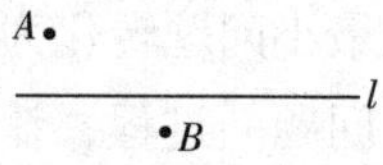

图 $4-3-22$

利用已学过的知识，很容易解决这个问题：连接 AB，与直线 l 相交于一点，根据"两点之间，线段最短"可知这个交点即为所求。

设计意图：让学生感受"两点之间，线段最短"，为把"同侧的两点"转化为"异侧的两点"做好铺垫。

问题3：现在要解决的问题是：点 A，B 是直线 l 同侧的两个点。

（1）能否将点 B "移"到 l 的另一侧 B' 处，且满足直线 l 上的任意一点 C，都保持 $CB = CB'$。

（2）你能利用轴对称的有关知识，找到符合条件的点 B' 吗？

如图 $4-3-23$ 所示，作出点 B 关于直线 l 的对称点 B'，根据轴对称的性质，可以得到 $CB = CB'$。这样，问题转化为：当点 C 在直线 l 的什么位置时，$AC + CB'$ 最小？

连接 AB'，线段 AB' 与直线 l 的交点 C 的位置即为所求。

作法：

（1）作点 B 关于直线 l 的对称点 B'；

（2）连接 AB'，AB' 与直线 l 相交于点 C。即点 C 为所求点。

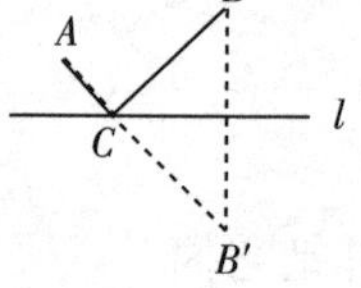

图 $4-3-23$ 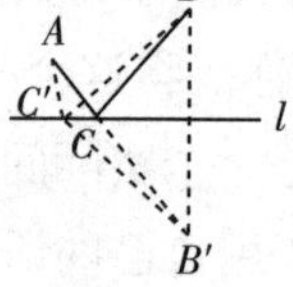　　　　　　　　　　图 $4-3-24$

设计意图：教师一步一步引导，如何将同侧的两点转化为异侧的两点，为问题的解决提供思路，渗透转化思想。

证明"最短"。

问题4：如图 $4-3-24$ 所示，为了证明点 C 的位置即为所求，不妨在直线上另外任取一点 C'，连接 AC'，BC'，$B'C'$。证明 $AC + BC < AC' + BC'$，你能完成这个证明吗？

追问 1：证明 $AC + BC$ 最短时，为什么要在直线 l 上任取一点（与点 C 不重合）？

教师适时点拨，最后呈现要点，若直线 l 上任意一点（与点 C 不重合）与 A，B 两点的距离和都大于 $AC + BC$，就说明 $AC + BC$ 最小。

设计意图： 在这一过程中让学生进一步体会作法的合理性，提高了学生的逻辑思维能力，教师的引导，再次体现了教师的主导性，学生的主体性。

追问 2：回顾前面的过程，我们是通过怎样的过程、借助什么解决问题的？

设计意图： 学生在反思中，体会轴对称的桥梁作用，感悟转化思想，丰富数学活动经验。借助轴对称，通过将同侧点转化为异侧点，最后利用"两点之间，线段最短"解决问题。

环节三：练习巩固、演绎提升

（1）如图 4-3-25 所示，在平面直角坐标系中，点 A（-2，4），B（4，2），在 x 轴上取一点 P，使点 P 到点 A，B 的距离之和最小，则点 P 的坐标是（　　）

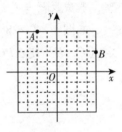

图 4-3-25

A．（-2，0）　　　　B．（4，0）

C．（2，0）　　　　D．（0，0）

（2）如图 4-3-26 所示，M 为正方形 $ABCD$ 的边 CD 的中点，$BM = 10$，在对角线 BD 上求作一点 N，使点 N 到点 C，M 的距离之和最小，这个最小值为_____。

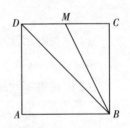

图 4-3-26

（3）如图 4-3-27 所示，一艘旅游船从大桥 AB 上的 P 处前往山脚下的 Q 处接游客，然后将游客送往河岸 BC 上，再返回 P 处，请画出旅游船的最短路径。

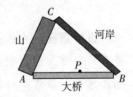

图 4-3-27

设计意图： 让学生进一步巩固解决此类最短路径问题的方法，达到举一反三的作用，同时也培养了学生独立思考的能力。在练习设计上，遵循由浅入深、循序渐进的原则，使学生发现问题、解决问题的能力得到进一步提升。

环节四：评价反思、应用迁移

课堂小结：

（1）今天关于最短路径问题学习了哪几种类型？

（2）各个类型是如何解决的？

（3）在解决方法上都利用了哪些知识点？

设计意图：课堂总结是知识沉淀的过程，使学生对本节课所学知识进行梳理，养成反思与总结的习惯，培养自我反馈、自主发展的意识。

如图 4 - 3 - 28 所示，在锐角 ∠AOB 内有一定点 P，试在 OA，OB 上分别确定点 C，D，使 △PCD 的周长最短（保留作图痕迹，不写作法）。

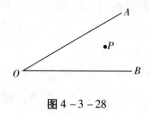

图 4 - 3 - 28

（1）在将军饮马问题中，哪种方法确定的路径才是最短的？

（2）在将军饮马问题中，有几条线？需要找几个点？作了几个对称点？

（3）上面问题中，有几条线？需要找几个点？请类比问题 2，确定 C，D 两点的位置。

设计意图：在探究最短路径获得的经验基础上，把问题引向深入，使得平移变换自然呈现，引导学生类比上一例题来分析此题，体现了知识的延伸，并初步感受了最短路径问题的第二种类型：一点两线型。

三、教学建议与商榷

"问题"就是暂时的矛盾，是指一个人在有目的地追求而尚未找到合适手段时所感到的心理困境。问题烘托情境，情境凸显问题，问题驱动思维，思维演绎精彩。整个课堂以"问题"为主脉，驱动着学生积极介入探索，在解决问题的同时，获得了解决最短路径问题的基本套路，形成后继学习的新经验，这些经验具有较强的迁移效能。

案例5　善观察　巧归纳

——实际问题与一元一次方程、配套问题的教学案例分析

遵义市第十一中学　任孝孟

一、教学前端分析

"实际问题与一元一次方程"是人教版《义务教育教科书·数学》七年级第三章第四节的内容，在本节中进一步探究如何用一元一次方程解决实际问题。以方程为工具分析问题、解决问题（建立方程模型）是本节的重点和难点。本节内容一方面通过更加贴近实际生活的问题，进一步突出方程这种数学模型的应用价值，另一方面使学生能在更加贴近实际生活的问题的情境中运用所学数学知识，使其分析问题和解决问题的能力、创新精神和实践意识得到提高。

二、教学过程设计

1. 创设情境、问题导引

问题1：讨论，怎样理解一个螺钉配两个螺母刚好配套？完成下列表格，见表4-3-1。

表4-3-1

螺钉	1	2	3	…	n
螺母	2	4	6	…	$2n$

追问：通过完成表格你能说出螺钉与螺母的配套比吗？

结论：螺钉的数量:螺母的数量 =1:2 或螺母的数量是螺钉数量的2倍。

设计意图：通过螺钉与螺母配套问题，初步让学生感受从配套问题中抽象出数量关系（比例或倍数问题），为本节课埋下伏笔。

问题2：在下列每一个图片中（图4-3-29）你能说出其中的等量关系吗？

图 4 - 3 - 29

追问：你能说出上面每一个图片的配套比吗？

设计意图：让学生感受数学来源于生活又服务于生活，为本节课引入课题做好铺垫，从而激发学生的探究动机。

2. **自主探究、合作交流**

问题 3：某车间有 22 名工人，每人每天可以生产 1200 个螺钉或 2000 个螺母。1 个螺钉需要配 2 个螺母，为使每天生产的螺钉和螺母刚好配套，应安排生产螺钉和螺母的工人各多少名？

追问 1：通过审题你能说出螺钉与螺母的配套比吗？

追问 2：通过配套比你能写出它们的等量关系吗？

分析：

	每人每天生产个数/个	总数量/个
螺钉	1200	$1200x$
螺母	2000	$2000(22-x)$

22名工人 $\begin{cases} x人 \\ (22-x)人 \end{cases}$

螺钉数量：螺母数量=1：2

即，螺母数量=2×螺钉数量

学生提问：_____。

设计意图：通过此例题的教学，初步教会学生在解决实际问题时如何审题，找出题中的关键数据、关键词语及其等量关系。结合题意设出未知数，列出方程，掌握解题规律。

3. **应用新知**

问题 4：机械厂加工车间有 85 名工人，平均每人每天加工大齿轮 16 个或小齿轮 10 个，已知 2 个大齿轮与 3 个小齿轮配成一套，为了使每天加工的大小齿轮刚好配套，应安排多少人生产大齿轮？

追问1：通过审题你能说出大齿轮与小齿轮的配套比吗？

追问2：通过配套比你能写出它们的等量关系吗？

分析：

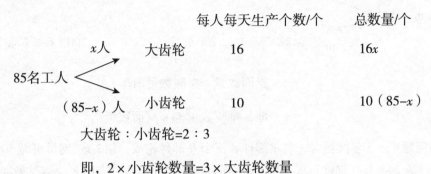

	每人每天生产个数/个	总数量/个
大齿轮	16	$16x$
小齿轮	10	$10（85-x）$

大齿轮：小齿轮=2：3

即，2×小齿轮数量=3×大齿轮数量

问题5：一张书桌由一张桌面与四条桌腿组成，已知 1 m³ 木材可制作桌面 50 张或桌腿 300 条，现在要用 5 m³ 木材制作桌子，为使桌面与桌腿恰好配套，求用来制作桌腿的木材是多少？

追问1：通过审题你能说出桌面与桌腿的配套比吗？

追问2：通过配套比你能写出它们的等量关系吗？

分析：

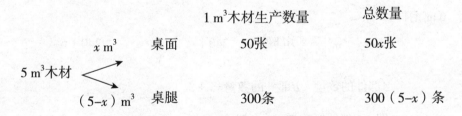

	1 m³木材生产数量	总数量
桌面	50张	$50x$张
桌腿	300条	$300（5-x）$条

桌面数量：桌腿数量=1：4

即，桌腿数量=4×桌面数量

变式：一张课桌由一张桌面和四条桌腿组成。已知 1 m³ 木材可制作桌面 50 张或桌腿 800 条，现在要用 6 m³ 木材制作课桌，为使桌面与桌腿恰好配套，求用来制作桌腿的木材是多少？

分析：

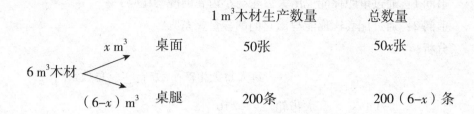

桌面数量：桌腿数量=1：4

即，桌腿数量=4×桌面数量

问题6：一套仪器由一个 A 部件和三个 B 部件构成，用 1 m^3 钢材可做 40 个 A 部件或 240 个 B 部件，现要用 6 m^3 钢材制作这种仪器，应用多少钢材做 A 部件，多少钢材做 B 部件，恰好配成这种仪器多少套？

追问1：通过审题你能说出 A 部件与 B 部件的配套比吗？

追问2：通过配套比你能写出它们的等量关系吗？

分析：

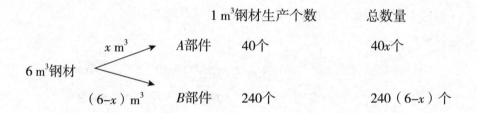

A 部件的数量：B 部件的数量=1：3

即，B 部件的数量=3×A 部件

学生提问：＿＿＿＿＿＿＿＿＿＿＿＿＿＿＿＿＿＿＿＿＿＿＿。

设计意图：进一步体验一元一次方程与实际问题的联系，加强数学建模思想，培养运用一元一次方程分析和解决问题的能力。

4. 拓展提高、课外延伸

一张方桌与四把椅子配成一套，如果 5 个工人每天能制作 11 把椅子，每 4 个工人每天能制作 22 张方桌，现有工人 66 人，应怎样合理分配生产方桌和椅子的工人才能使每天生产的方桌和椅子及时配套出厂？

学生提问：＿＿＿＿＿＿＿＿＿＿＿＿＿＿＿＿＿＿＿＿＿＿＿。

设计意图: 对学有余力的学生作补充,激发学生学习数学的兴趣。进一步体现方程思想,并在今后的学习中能用方程思想分析问题、解决问题。

5. 课堂小结

用一元一次方程解决实际问题的基本过程有几个步骤? 分别是什么? 如图4-3-30所示。

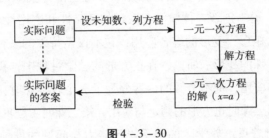

图 4 - 3 - 30

设计意图: 通过小结,使学生梳理本节课所学内容,了解用一元一次方程解决实际问题的基本过程,掌握配套问题的相等关系的分析方法,掌握方程建模思想。

三、教学建议与商榷

(1) 本节课以建构主义理论为指导,以新课标基本理念为依据进行设计,针对学生的学习背景,充分挖掘贴近学生生活实际的教学素材,创设情境引入课题,激发学生的学习兴趣。

(2) 把学习的主动权交给学生,为他们提供自主探究、合作交流的机会,力求改变学生的学习方式,打造"以学为中心,以教导学、以教促学"的课堂教学新模式。

案例6 在实际生活中,探究数学问题

遵义市第十一中学 张普纲

一、教学前端分析

数学源于生活,寓于生活,用于生活。伟大的数学家华罗庚说过:"宇宙之大、粒子之微、火箭之速、化工之巧、地球之变、生活之谜、日月之繁,无处不用数学。"

在数学教学过程中，根据教材内容，要密切联系生活实际，挖掘出学生生活环境和感兴趣的事物，为学生提供观察、操作、猜想、抽象、实践探索的机会，让他们感知数学的无处不在，理解数学的魅力及作用。从而提高学生的创新意识和创新能力，培养学生自主发展、合作探究、创新实践的能力。使学生掌握数学学习方法及数学思想方法，并能从实际生活中抽象出数学知识，勤于思考、敢于质疑、勇于创新，体验学习数学的趣味性和实用性。

正方形是学习矩形、菱形的综合应用，它不仅是特殊的平行四边形，也是特殊的矩形，又是特殊的菱形。所以，在正方形的教学过程中，我根据正方形的定义、性质、判定和应用，把本节课的内容分为了三个教学课时：第一课时正方形的定义与性质，第二课时正方形的判定与应用，第三课时习题巩固与拓展。

教材在编写时着重培养学生的动手操作能力与问题的推导能力。通过实物演示，让学生体验直观的几何印象；通过对矩形和菱形联系类比、探究、讨论、辩论、理解，掌握正方形的性质特征。并让学生体会实际生活中正方形的应用问题。

二、教学过程设计

1. 创设情境

活动 1：展示方巾、正方形瓷砖、正方形电炉等。

问题 1：

（1）同学们，这些物体是什么形状，你知道吗？

（2）请同学们思考一下，在实际生活中还有类似的图形吗？

预设效果：让学生观察实物，生成正方形的形状，并且能够结合其形状，在实际生活中抽象出哪些是正方形的生活物件，培养学生的辩证思考能力。

设计意图：让学生感受特殊的几何图形就在自己的身边，从物体和生活知识中发现问题、提出问题、分析问题、解决问题，激发学生的学习兴趣及探索精神，"教会学生——思考"（导入课题）。

问题 2：

同学们，你能用一条线段在矩形的黑板上截取一个正方形吗？

预设效果：这是一个开放性问题，对于学生的不同结论，给予肯定评价，充分鼓励。思维活跃的同学和课前认真预习的同学，能够从长方形的生成路径回答问题，以此为契机，导入学生的实践操作。

设计意图：创设数学情境，激发学生探求新知的欲望。

2. 概念、性质的探究

活动2：教具演示菱形衣架、竹片教具、长方形纸片。

探究1：

（1）你能在长方形的纸片上用剪刀剪一刀就能剪一个正方形吗？

追问1：你能够根据矩形演变成为正方形吗？

追问2：请你画出它们的结构推导图（图4-3-31）。

图4-3-31

定义：一组邻边相等的矩形叫正方形。

（2）你能将菱形变形成正方形吗？

追问1：你能够根据菱形演变成正方形吗？

追问2：请你画出它们的结构推导图（图4-3-32）。

图4-3-32

定义：一个角是直角的菱形叫正方形。

（3）解决问题二。

活动3：总结归纳平行四边形、菱形、矩形、正方形的关系。

探究2：

请同学们画出平行四边形、菱形、矩形、正方形的集合关系图（图4-3-33）。

图4-3-33

活动4：分析、总结。

探究3：

（1）正方形是由哪些元素所构成？（角、边、对角线）

（2）请同学们根据图例分析，结合自己的了解，说出与正方形的角、边、对角线有关的性质（图4-3-34）。

$$
正方形 \begin{cases} 四个角都是直角 & \rangle 角 \\ 对边平行 \\ 四边相等 & \Big\rangle 边 \\ 对角线相等并且互相垂直平分 \\ 每条对角线平分一组对角 & \Big\rangle 对角线 \end{cases}
$$

图4-3-34

预设效果：有机地把生活与数学融为一体，让数学教学更加生动有趣，让学生通过实践、操作、探究，体会到学数学的价值，激发学生的求知欲、探索欲和质疑欲。利用图形类比研究教学，学生容易主动参与探讨、辩论、理解，同时更清楚地了解各种图形之间的联系。引导学生根据已有知识及图形关系发现问题、分析问题、解决问题，总结正方形的性质。

设计意图：数学源于生活，又服务于生活。从学生实际生活中的例子出发，引导学生自主探究、分组实践操作、观察、思考、评价。从学生阅读理解开始着手，根据问题串追问的方式，分步骤培养学生提炼和加工问题信息的能力、逻辑思维能力和新知探究的能力。使学生勤于思考、敢于质疑、勇于创新，"教会学生——体验"。

3. 价值体现

活动5：思考、练习。

问题3：

已知：如图4-3-35所示，点 E 是正方形 ABCD 的边 CD 上一点，点 F 是 CB 的延长线上一点，且 DE = BF。

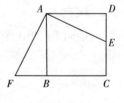

图4-3-35

求证：EA = AF。

问题4：

请同学们思考一下，EA 与 AF 除了相等以外，是否还有其他关系？为什么？

预设效果：问题3是让学生感受正方形的性质的应用，强化学生的逻辑证明和书写的规范性。问题4主要是一种开放性题型，让学生学会辩证演绎推理，巩固正方形的概念、性质的应用，提升学生的逻辑思维能力。

设计意图：问题设置悬念，激发学生探求、思考、讨论，培养学生有条理地思考、表达，培养学生的创新意识和创新能力。让学生熟悉和应用矩形的有关知识证明，"教会学生——表达"。

4. 收获

同学们，请你们谈谈本节课的收获吧！

预设效果：学生在学习的过程中，从实际生活中抽象出数学问题，了解数学思想，能够掌握基本的数学思维方式和方法。利用图形类比，让学生主动参与探讨、辩论、理解，清楚地了解各种图形之间的联系。掌握正方形的概念、性质，并且能够运用。

设计意图：让学生讨论交流，自由发言，使学生感到学习的乐趣。引导学生回忆学习的过程，提炼教学内容的思想价值。

三、教学建议与商榷

陶行知先生就教育和生活的关系指出："行是知之始，知是行之成。"它表明了"行→知→行"的辩证唯物主义的认知观点。

核心素养如何融入数学课堂教学？是让学生走进生活，在日常生活中和生产劳动中寻找数学、抽象数学，调动学生发现问题、分析问题、解决问题的能力。从上述价值分析和活动来看，对教材素材进行同质化处理，围绕学生为主体，利用学生生活环境和感兴趣的事物，抽象出正方形的形状。然后结合问题串不断深入追问，引导学生不断地探究、辩论，让学生提炼、加工问题信息的能力、逻辑思维能力和新知探究的能力得到了提升。

在教学过程中，通过对平行四边形、长方形、菱形、正方形的内在联系进行研究，体现了正方形完美的本质，激励学生追求像正方形一样完美的品质。让学生努力学习，以丰富的知识充实自己，达到理想中的完美。也通过拓展延伸练习题，鼓励学生大胆尝试，同时鼓励同学之间互帮互助，交流自己解决问题的过程及成功的体验，给学生留下充分的空间，不断激发学生的探索精神，培养学生的动手操作、合作交流和逻辑推理能力，提高学生分析和解决问题的能力，使学生获得成功的体验。

案例7　彰显整体思想　完善思维品质

遵义市第十一中学　梁瑞朝

一、教学前端分析

现有的数学课堂教学大都是根据教材的课时安排，按照每课时的知识点进行教学，这样容易造成学生将学习的知识点以零散的"信息碎片"形式存储，将原本的数学知识结构割裂。数学是一门逻辑性、结构性很强的学科，课堂教学中教师应将孤立的、零散的知识点串成线、连成链、结成网，形成网络知识的意识。

"角的比较与运算"是人教版《义务教育教科书·数学》七年级上册第四章的内容，本节内容比较简单，无法上出深度，学生没有本节课的知识基础和经验储备。本节课内容与前面的知识联系不紧密，比较孤立，而且本节课要解决的内容较多，一是角的大小比较，二是角平分线定义，三是角的和差关系，多而散，知识之间是碎片化的，无很大关联。学习几何图形的一项重要内容就是研究图形的大小，学生在小学学过角的大小比较，比较大小都是通过测量或特殊的度数进行的，而进入中学后，我们研究图形，一般作为一个整体放在一个图形中，而叠合法就能彰显整体思想，而本节课学习角后，无论 n 个角的度数大小如何变化，都可能存在一个角等于两个（或多个）角之和，研究对象从特殊到一般。

在本节课之前，教材安排学习了线段的相关内容，线段和角都是基本图形，两者之间有着必然的研究对象和方法。

二、教学过程设计

环节一：激疑

问题1：我们上节课学习了线段的相关内容，你能否回忆总结一下我们上节课学习了哪些内容？

生：比较线段大小、线段中点、画线段等于已知线段……

问题2：线段和角都是基本图形，在研究时一定有类似之处，你认为本节课我们要研究角的哪些内容？

设计意图：让学生站在知识生长的制高点，提出本节课要研究的问题，提高学生提出问题的能力，激发学生的学习主动性，同时，这样设计体现问题呈现的自然性，明确本节课研究的方向，学生获得对本节课的整体认知。

环节二：探究

问题 3： 如图 4 - 3 - 36 所示，图中除了 $\angle AOC > \angle AOB$，$\angle AOB > \angle BOC$，这三个角还有其他等量关系吗？

生：$\angle AOC = \angle AOB + \angle BOC$，$\angle BOC = \angle AOC - \angle AOB$，$\angle AOB = \angle AOC - \angle BOC$。

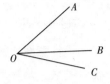

图 4 - 3 - 36

问题 4： 若将射线 OB 绕点 O 在角 AOC 内旋转，类比线段的中点，OB 存在特殊位置吗？若存在，你能画出大致图形吗？此时三个角存在什么特殊的数量关系呢？

生：大致图像如图 4 - 3 - 37 所示，此时 $\angle AOB = \angle BOC = \frac{1}{2} \angle AOC$。

图 4 - 3 - 37

问题 5： 类比线段的三分点、四分点，你能提出角的哪些问题？

生：线段的三等分、四等分，角一定有三等分线、四等分线……

设计意图： 将碎片化的知识作为一个整体来研究，把三个看似孤立的知识点联系起来，并表现出一种张力。首先进行定性分析，三个角存在不等关系；其次进行定量分析，三个角存在等量关系；最后将射线 OB 进行特殊化处理，得到角平分线的定义，展现知识之间的来龙去脉，学生经历从定性到定量，从一般到特殊的问题探究过程，整个问题的提出自然流畅、水到渠成，体现思维的连贯性和整体性。

环节三：建构

例： 如图 4 - 3 - 38 所示，已知：点 O 在直线 AB 上，OC 是 $\angle AOB$ 的平分线。

（1）若 $\angle COD = 30°$，则 $\angle AOD =$ _____。

（2）在图 4 - 3 - 39 中，上题条件不变，OD 平分 $\angle AOE$，则 $\angle AOE =$ _____。

（3）在图 4 - 3 - 40 中，若 $\angle COD = 30°$，则 $\angle AOD =$ _____。

（4）在图 4 - 3 - 41 中，若改变题目中的条件，OC 是 $\angle AOB$ 的三等分线，$\angle COB$ 是锐角，射线 OD，OC 在 AB 同一侧，当 $\angle COD = 70°$，则 $\angle AOD =$ _____。

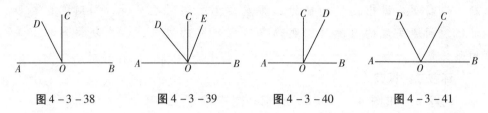

图4-3-38　　　　图4-3-39　　　　图4-3-40　　　　图4-3-41

设计意图： 例题分别考察了角的和与差、角平分线，分类讨论，层层递进，前后关联，从特殊到一般，从封闭到开放，自然生成了一个环环紧扣的探究性问题。

环节四：迁移

（1）如图4-3-42所示，$\angle AOB = 90°$，$\angle BOC = 30°$，OM平分$\angle AOC$，ON平分$\angle BOC$，求$\angle MON$的度数。

（2）如果（1）中，$\angle AOB = a$，其他条件不变，求$\angle MON$的度数。

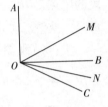

图4-3-42

（3）如果（1）中，$\angle BOC = b$，其他条件不变，求$\angle MON$的度数。

（4）从（1）~（3）的结果中你发现了什么规律？

设计意图： 学生经历了由特殊到一般的问题解决过程，并通过对已有的问题和结论的思考，尝试对一般结论做出大胆的猜想，整体设计体现了知识间的相互联系，考查学生的类比迁移能力和创造力，问题前后连贯，相互关联，很好地体现了知识的整体性，培养了学生的数学思维品质。

三、教学建议与商榷

学习几何图形的一项重要内容就是研究图形的大小，学生在小学时已经学习了两个角的大小比较，比较的方法是通过测量，此时两个角是孤立的图形，本节课我们研究的角都是作为一个整体放在同一个图形中，而叠合法就是把两个角放在一起，构成一个完整的图形。此时学生不需要通过测量，只需要通过观察就可以得到两个角之间的大小关系。通过本节课学习的一些图形，无论几个角的角度大小如何变化，都可能存在一个角等于另外两个（或多个）角之和，研究对象从特殊到一般，渗透整体思想，让学生总结核心知识，让知识有序、自然生长。教师还和学生一起回顾研究过程，总结研究方法，提炼数学学习经验，帮助学生获得完整的认知结构、独立研究问题的能力及知识所蕴含的一般原理，体现了知识的整体性，培养了学生的数学思维品质。

　　本节课从整体上进行教学设计，立意高、思想性强、数学味浓，这样安排可以反映数学知识的发生、发展过程，能更好地落实"发现问题和提出问题的能力、分析和解决问题的能力的培养"，符合数学思维规律，能给学生更多的智慧和思维启迪，有利于学生核心素养的发展。

第四节　复习课型案例分析

复习课，由于没有固定的教材，例题选择一直困扰着广大教师。中考原题综合性强，涉及的数学知识、方法及数学思想多，其综合性决定了学生应用的知识、方法和数学思想是发散的。这就要求我们教师挖掘例题的教学功能，彰显例题的教学价值，凸显复习的主题。

案例1　凸显复习主题　强化思想渗透

——解直角三角形应用的教学案例分析

遵义市第十一中学　邹　磊

一、教学前端分析

复习课一般有两个目的：一是对所学的知识进行巩固和整理；二是深化对知识内在联系的再认识，提高学生知识的应用能力。作为课堂教学的核心，例题教学承载着众多的教学期待，既要梳理所学知识，又要归纳数学方法，渗透数学思想和活动经验。在中考复习课上，如何让例题紧贴教学目标，以凸显复习课的"课时核心"呢？本教学设计精心选择三道中考试题作为本节课的例题讲解。

二、教学过程设计

环节一：创设情境、提出问题

在 Rt$\triangle ABC$ 中，$\angle C = 90°$，a，b，c 分别是 $\angle A$，$\angle B$，$\angle C$ 的对边。

（1）三边关系：$a^2 + b^2 = c^2$。

（2）两锐角的关系：$\angle A + \angle B = 90°$。

（3）边角关系：$\sin A = \dfrac{a}{c}$；$\cos A = \dfrac{b}{c}$；$\tan A = \dfrac{a}{b}$。

设计意图：复习直角三角形边与角之间的数量关系，巩固知识。

环节二：自主探究、合作交流

问题1：如图4-4-1所示，某建筑工地临时搭建一楼与二楼之间的斜梯示意图。其中 MA、BN 分别表示一楼、二楼地面的水平线，并且斜梯与地面的夹角为60°，斜梯 AB 的长是8 m，则一楼到二楼的高度为_____ m。

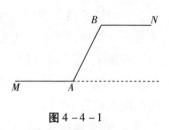

图4-4-1

追问1：图形中有没有高？没有高怎么办？

追问2：不过点 B 作高，而是过线段 BN 上任一点作 AM 的高行吗？如果行，两者的区别在哪儿？怎么去求高？

设计意图：激发学生思考，形成共识：一是图中没有高，学生会想到去做高；二是过点 B 作高和 BN 任一点作高实质是一样的，好处是过点 B 作高，能构成一个直角三角形，可以借助直角三角形的可解性（勾股定理、锐角三角函数关系）。

问题2：如图4-4-2所示，我国海军进行军事演练，在一次演练过程中，飞机飞行高度为2001米，在点 A 测得岛屿顶点 C 的俯角为30°，保持方向不变前进1200米到达 B 点后测得 C 点俯角为45°，求岛屿的最高海拔 CD 的高度（结果保留整数，参考数值：$\sqrt{3}\approx1.732$，$\sqrt{2}\approx1.414$）。

追问1：能不能直接求出 CD 的高度，若能，怎么求？若不能，该怎么办？

（1）延长 DC 交 AB 的延长线于点 E。

（2）过点 C 作 CN⊥AM，垂足为 N，再过点 B 作 BH⊥MD 交 CN 于点 G。

追问2：第一种辅助线，怎么去求线段 CD 呢？

学生1：设 CE = x 米，那么 BE = x 米，则 AE = （1200 + x）米，于是 在 Rt △ACE 中，$\tan30°$

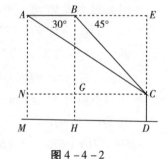

图4-4-2

$=\dfrac{x}{1200+x}$。

学生2：$AB = 2x$ 米，则 $(1200 + x)^2 + x^2 = (2x)^2$。

学生3：$AB = 2x$ 米，那么 $AE = \sqrt{3}x$ 米，则 $\sqrt{3}x - x = 1200$。

追问3：你认为哪种方法更好？

追问4：辅助线2与辅助线1的做法哪种更容易去解？为什么？

教师引导学生看图归纳：不难得出辅助线1的做法能使构造的直角三角形包含了已知角30°和45°，而辅助线2的做法，一是辅助线多，不易想到；二是这样去做辅助线分散了图形的结构，不是好方法。

设计意图：一是激发学生思考问题的积极性，二是引导学生解题方法的多样性：构造直角三角形，使已知角包含在构造的直角三角形中（转化思想）；当边不宜直接计算时，通常设未知数建立方程求解（方程思想）。

问题3：综合实践课上，小明所在的小组要测量护城河的宽度。如图4-4-3所示是护城河的一段，两岸 $AB /\!\!/ CD$，河岸 AB 上有一排大树，相邻两棵大树之间的距离均为10米。小明先用测角仪在河岸 CD 的 M 处测得 $\angle\alpha=36°$，然后沿河岸走50米到达 N 点，测得 $\angle\beta=72°$。请你根据这些数据帮小明他们算出河宽 FR（结果保留两位有效数字）。

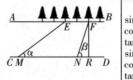

参考数据
$\sin36° \approx 0.59$
$\cos36° \approx 0.81$
$\tan36° \approx 0.73$
$\sin72° \approx 0.95$
$\cos72° \approx 0.31$
$\tan72° \approx 3.08$

图4-4-3

追问1：能不能直接求河宽 FR，如果不能，该怎么办？

追问2：四边形 $EMRF$ 是什么特殊四边形？我们仔细想一下，这种四边形有哪些作辅助线的方法？

学生思考后的方法（图4-4-4）：

（1）过点 E 做 $EG \perp MN$，垂足为 G。

（2）过 F 点作 $FG /\!\!/ EM$ 交 MN 于点 G。

教师引导学生对方法1进行分析：

根据题意：$EF = GR$，$FR = EG$，

我们不妨设 $NR = x$ m，则 $FR = x\tan\beta$，

则 $EG = x\tan\beta$。

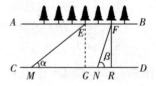

$MG = MN + NR - GR = 50 + x - 20 = 30 + x$，

在 Rt$\triangle MEG$ 中，$\tan36° = \dfrac{x\tan72°}{30+x}$，

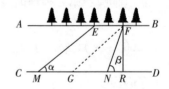

化简：$0.73 = \dfrac{3.08x}{30+x}$，

解得 $x = 9.31$，

$FR = x\tan72° \approx 29$。

方法2解题分析（略）。

教师进行方法1、2归纳总结：方法1是通解通

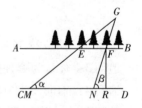

图4-4-4

法，方法 2 利用 $\angle \beta = 2 \angle \alpha$ 的特殊关系。目的都是构造直角三角形。方法 2 在解法上更简单。

设计意图：设置问题串去激发思考，使每一个学生都有思考的时间和空间，有发表自己见解的机会。给足学生思考的空间和时间，营造学生思考的教学氛围：①构造直角三角形，根据图形的特殊性（直角梯形）作高或平行线（化归思想）；②由已知角的特殊关系（$\angle \beta = 2 \angle \alpha$）优化方法，使复杂问题简单化（特殊到一般）（优化选择）。

环节三：练习巩固、演绎提升

我市某中学在创建"特色校园"的活动中，将本校的办学理念做成宣传牌（AB），放置在教学楼的顶部（图 4 - 4 - 5）。小明在操场上的点 D 处，用 1 米高的测角仪 CD，从点 C 测得宣传牌的底部 B 的仰角为 37°，然后向教学楼正方向走了 4 米到达点 F 处，又从点 E 测得宣传牌的顶部 A 的仰角为 45°。已知教学楼高 $BM = 17$ 米，且点 A，B，M 在同一直线上，求宣传牌

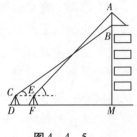

图 4 - 4 - 5

AB 的高度（结果精确到 0.1 米，参考数据：$\sqrt{3} \approx 1.73$，$\sin 37° \approx 0.60$，$\cos 37° \approx 0.81$，$\tan 37° \approx 0.75$）。

设计意图：强化学生对解直角三角形的基本模型的认识，并进一步体会其解题的基本思路与构造直角三角形的方法，进一步加深巩固。

环节四：评价反思、应用迁移

归纳图形和解法的共性，通过两个例子，引导学生观察、归纳图形之间的联系。通过动画演示，了解两个图形之间的相关性和共性。

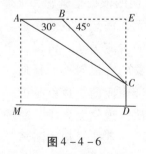

图 4 - 4 - 6

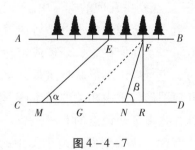

图 4 - 4 - 7

图 4 - 4 - 6 中构造两个直角三角形 $\triangle ACE$，$\triangle BCE$，并且这两个直角三角形包含已知角 30°和 45°，图 4 - 4 - 7 构造两个直角三角形 $\triangle FGR$，$\triangle FNR$，同样两个直角三角形包含了已知角 α 和 β。

设计意图：教学中，图形的归纳比文字归纳更能促进学生的记忆和理解，初中几何任何一个复杂的几何图形都是由相关的基本图形所构建、整合而成的。教师力求引导学生观察图形的共性，目的是让学生明白基本图形一样，解题方法也一样，都是用构造直角三角形的方法来解。对于一图多变的问题，常常需要找出这些图形之间的联系，通过构造直角三角形来加以解决。

三、教学建议与商榷

1. 重视教师的引导作用，体现学生的主体作用

本节课一直是以教师为引导，学生为主体，教师通过问题串的设置，从而激发学生对问题的思考。改变以教师为中心的教学观，树立以学生为主体的教学观。而传统教育的专制性弊端，致使学生的主体地位被弱化。完整意义的教学过程本来就是"教"与"学"的统一，"教"为"学"服务，"学"是"教"的落脚点，科学的教学观要求我们要面向全体学生这个主体。什么是主体性，就是学生在教师的指导下，进行学习活动时表现出来的主动性、自觉性、选择性、创造性。本节课，教师做到了：摆正自己的地位和作用，不急于评价，不急于讲解，而是从教师设置的问题串出发去激发思考，使每一个学生都有思考的时间和空间，有发表自己见解的机会。让学生认识和找到学习本质、规律和方法，不但掌握知识，更要找到进入知识大门的钥匙，提高学生的自学能力，这才是教学的最本质要求，也是教学的根本目的。

2. 重视基本图形的联想应用

《课程标准》在几何方面的学习要求学生"……能从较复杂的图形中分解出基本的图形，并能分析其中的基本元素及其关系……，利用直观来进行思考"。在初中几何的学习中，计算、推理和证明的依据是概念和定理，而每一个概念、公理和定理总是对应着一个剔除了无关信息的直观图形。这样就建立了一个几何概念、公理或定理与基本图形的对应关系，可以由定理联想图形，也可以由图形联想定理，实现直观与抽象的有机转换。任何一个复杂的几何图形都是由相关的基本图形所构建、整合而成的，也就是说一个几何题往往是多个知识点的有机整合。本节课，我从两道例题入手，对图形的共性作对比，让学生发现两个图中的"基本图形"，通过"基本图形"构造直角三角形解决实际问题。

3. 凸显复习主题，重视数学思想的提炼

其一，中考复习课，由于没有固定的教材，例题选择一直困扰着广大教师。中考原题综合性强，涉及的数学知识、方法及数学思想多，其综合性决定了学

生应用的知识、方法和数学思想是发散的。这就要教师挖掘例题的教学功能，彰显例题的教学价值，凸显复习的主题。

其二，对解题教学的一个认识，个人的观点：一堂解题课教学的好坏应该满足以下三个要求。一要突出，二要挖掘，三要提炼。本节课在教学设计时，我充分地考虑了这三个要求。理由：所谓突出，就是要解决本节课的核心知识——锐角三角形函数及边角的关系；所谓挖掘，就是要去解决数学的本质问题，而本节课的数学本质是直角三角形的可解性；所谓提炼，就是教学中提炼数学思想方法。本节课自始至终向学生渗透数学思想，通过构造直角三角形来解决问题的同时，向学生渗透转化思想、方程思想、优化选择、特殊到一般等数学思想方法。

最后，方法点拨的好坏关键是问题的设置，问题的设置有了高度和深度，才能激发学生思维的火花，才能把问题中的关键思想方法提炼出来。

（文章发表在《新课导学》2014 年 10 月）

案例 2　问题引领课堂　强化数形结合

——二次函数图像与性质的教学案例分析

遵义市第十一中学　杨　敏

一、教材前端分析

中考复习没有固定的教材，要依据学生的特点和复习知识点在中考中的地位做到有的放矢。因此，本节课以"问题导向"进行教学，具体地说：什么是任务的具体含义？其是否有一定的合理性？我们应当如何去完成任务？什么是其中的关键与难点？在具体执行中又可能出现怎样的问题？再则，如果将具体过程也考虑在内，我们又应该明确"问题"的变化性质。根据定义，确定二次函数的表达式需要三组独立的初始条件。从"一般式"看：确定三个待定量需要有三组不同的对应值；从"顶点式"看：确定顶点位置需要两个条件，确定开口方向需要一个条件，也需要三个独立的条件；从"两根式"看：需要确定对应方程的两个根和开口方向，也是三个独立的条件。二次函数是初中数学的核心知识，也是学生学习的重点和难点，其应用更是难点中的难点，在平时的学习中，学生已经掌握了二次函数的表达式、性质，并能运用二次函数知识解决一些实际问题（如求线段最值、三角形面积最值等），但学生对这些知识的认知还是零散的，也比较机械、单一和肤浅，没有将其连成线，不会融会贯通，更没有深刻理解其本质与关联。

本文以"认知图式"为线索设计教学，以学生的心理需求层次为依据，按照"学生先行、交流呈现、教师断后"的方式展开教学。这种教学过程，以"问题串"为线索，通过"学生先行"身临其境，获得体验；通过"交流呈现"碰撞思维，获得提升；通过"教师断后"，感悟本质，获得认知数学的方法。并通过复习二次函数的相关性质，培养学生的问题意识和利用二次函数知识解决线段最值、三角形面积最值问题的能力，从而使学生熟悉掌握知识之间的关联与转化，提升思维的灵活性与深刻性。

二、教学过程设计

环节一：创设情境、提出问题

由"数"到"形"。

二次函数 $y = 2(x-3)^2 + 4$ 是二次函数的什么表达形式？

（1）由解析式我们能知道二次函数的哪些特征？

（2）如何画出它的草图？

问题1：画出草图需要几个点？

问题2：这几个点如何确定？

问题3：根据图像能直观地看出它的增减性吗？

设计意图：作为本节课引入的问题，起点要低，但立意要高。复习二次函数的相关性质及待定系数法求函数表达式的方法，体现数形结合的思想，同时注重方法的多样性和知识之间的关联，初步展现深刻的思维课堂，促动学生思想认识，为后面的探究学习做好有效的思维铺垫。

环节二：自主思考、合作探究

已知抛物线 $y = \dfrac{2}{3}x^2 + \dfrac{4}{3}x + 2$，请你填空：

（1）二次函数开口方向为_____。

（2）对称轴为_____，顶点坐标为_____。

（3）与 y 轴的焦点坐标为_____。

（4）与 x 轴相交吗？为什么？判定二次函数是否与 x 轴相交，你有简单一点的方法吗？

（5）请你画出二次函数的图形。

（6）利用函数的图形观察：当 x 为何值时，有 $y \geq 0$，$y \leq 0$。

（7）若 P_1（-1，y_1），P_2（2，y_2），P_3（$\frac{5}{2}$，y_3）在抛物线上，判定 y_1，y_2，y_3 的大小。学生独立完成内容后，教师通过下列问题，引导学生探究。

问题4：与 x 轴的交点个数与什么有关？

问题5：判断 $y > 0$，$y < 0$ 以什么为界？如何确定界点？

问题6：判断 y 的大小关系有几种办法（代入求值、利用抛物线的对称性、利用抛物线的增减性等）？

设计意图：理解研究问题的方法和一般套路，可以研究点的坐标，水平（铅垂）线段的长度，斜线段的长度，并初步感知它们之间的关联与转化，积累活动经验。研究某个具体函数，一般要经历概念形成→确定表达式→绘制图像→研究性质→厘清与其他问题的关联。这种关联包含对应方程的解和函数零点的关系、函数值的正负与不等式的关系。

环节三：练习巩固、演绎提升

由"形"到"数"的过程。

如图 4 - 4 - 8 所示，抛物线顶点 A（1，-4），与 x 轴交于点 B（3，0），与 y 轴交于点 C，对称轴与直线 BC 交于点 D。

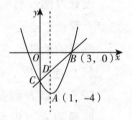

图 4 - 4 - 8

（1）求抛物线的解析式和直线 BC 的解析式。

（2）若点 P 为该抛物线在第四象限上的一动点，过点 P 作 $PQ \perp x$ 轴直线 BC 于点 Q，求 PQ 的最大值。

问题7：二次函数的解析式有几种表示方法？这里用哪一种恰当？

问题8：遇到动点问题，首先要敢于动手，这个题从哪里入手？

问题9：初中学过关于"最短"的定理有哪些？

问题10：此题应该应用哪一个定理？

设计意图：引导学生尝试提出问题、解决问题，梳理研究问题的方法和一般套路。可以研究点的坐标、水平（铅垂）线段的长度、斜线段的长度，并初步感知它们之间的关联与转化，积累活动经验。通过"问题串"的设计，从平时常见的题型着手，由简单到复杂，逐步提升问题的思维难度。这样大大激发了学生的探索欲望，将所学知识得到应有的拓展与延伸，也使学生的学习效率得到有效提升。这样让学生从题海中解脱出来，真正减轻了学生的课业负担。教学中通过"问题串""情境串""任务串"等环节的设置，有效实施"联串联片"教学，是实现数学课堂教学清晰、获益高效的手段之一，更是学生对问题内涵思维的关联性得到深刻体悟的好举措。

环节四：拓展提高、课外延伸

小结：通过结构图引导学生归纳总结，如图4-4-9所示。

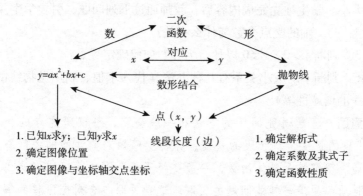

图4-4-9

设计意图：利用思维导图进行知识与方法的梳理，能清晰再现本课的学习内容，帮助学生进一步理解所学知识，巩固方法，提升其思维能力。

题目的条件不变，请解决以下问题：

（1）连接 PB，PC，求△PBC 面积的最大值。

（2）求点 P 到直线 BC 距离的最大值。

问题11：面积的大小由什么决定？

问题12：如何转化？

设计意图：递推跟进，可以从三角形的形状、周长、面积等角度思考并提出问题，重点研究三角形面积的求法，注重知识之间的关联与转化（三角形面积转化为铅垂线段的长度），注重问题本质的揭示和方法提炼［割补法的本质是将三角形面积转化为水平线（铅垂线）的长度］，进一步培养学生思维的深刻性，为后续深化探究做好思维铺垫与知识储备。

三、教学建议与商榷

教学有法，但无定法，贵在得法。数学课堂教学中，有目的、有计划、适量地进行"一题多解，一图多遍，一题多串"式训练，有利于开拓学生的解题思路，培养和发展学生的数学思维能力，锻炼学生数学思维的灵活性，卓有成效地开拓学生的创新思维潜能，使学生把所学知识融会贯通，并使知识系统化。同时，这样既能调动学生的学习积极性，又能培养学生数学思维的广阔性、灵活性、深刻性和创造性。通过解题教学活动来培养学生良好的思维能力与数学素养，应是教学中不可或缺的环节。

用问题串的形式逐步递进，循序渐进地开展对问题的研究，是复习课中不可或缺的课型，在教学过程中按照为什么要选择这个表达式为线索开展问题串的设计，从关注表达式的代数结构到几何结构，再到在情境中作为合理的选择，促进学生不断地思考，使得课堂变得越来越丰富。这样设计自然而然地化解了题型教学所带来的困惑，使得教学可以专注于问题的核心和由问题所反映出来的数学思想、方法，是数学教学的返璞归真。

案例3 以概念为支点 构建知识体系

——"有理数"复习课例设计与教学感悟

遵义市第十一中学 陈应平

一、教学前端分析

从我从事初中数学教学工作以及所观摩到的复习课来看，复习课一般有两个目的：①对所学的知识进行回顾和整理；②深化对知识内在联系的再认识，提高学生的知识应用能力。但我常常发现教学时对目的②达成度不高，尤其是对一些简单的基础知识的复习，如概念复习，往往仅简单罗列或复述原有定义，或以一个小问题一问一答一带而过。对概念复习"罗列"或"复述"是不可缺少的，但是复习时可否摒弃文字描述之乏味，力求简单概念有新突破，让它立足于数学知识整体结构处，全方位打通各关联知识点的阻隔，使概念再次以饱满的形象呈现出来是非常必要的。我以"相反数"概念复习（人教版《义务教育教科书·数学》七年级上册上半学期复习）的教学设计为例，就如何达到目的②谈一些教学经验。

二、教学过程设计

环节一：创设情境、提出问题

问题1：请回忆一下相反数是在哪个章节学习的？

（在第一章学的，应该是在数轴之后学习的）

追问1：与相反数关联的知识点有哪些？你可否罗列这些知识？

（教师巡视观察活动结果，应该发现大部分学生都能写出与相反数关联的知识点）

（与相反数关联的知识点有：数轴、距离、对称、正数、负数）

追问2：你能说明一下它们之间的关联点吗？

（因为一对相反数所表示的点在数轴原点的两侧，并且离原点距离相等，这两点是关于原点对称的；与绝对值也有关联，因为点离开原点距离是用绝对值表示的。）

追问3：那与正数、负数有关联吗？

（有关联，正数的相反数是负数，负数的相反数是正数，其实从相反数描述的定义上就能体现出来，当然0除外。）

师：很好，大家都能从自己所学的知识中不断搜索出关联的知识点与相反数相互挂钩，不让相反数孤独寂寞。

（教师板书——相反数与哥们那些事。）

环节二：自主思考、合作探究

问题2：我们继续探究相反数与哥们会发生哪些事？大家就从与它关联的知识点中去寻找和整理吧。

活动1：从相反数的定义角度，编制题目复习。

片刻后，学生可能会设计类似以下的题目：

（1）分别求 -2，0 的相反数。

（2）相反数是 2019 的数是什么？

（3）-4 和 3 互为相反数吗？

问题3：请设计题目（3）的同学谈谈你设计该题目的作用是什么？

（主要是让大家辨析一下定义中"只有符号不同"该怎样理解，我可以把问题再完善："-4 和 3 互为相反数吗？若不是，请改正"。）

设计意图：通过解答，使学生回顾相反数的概念，如果两个数只有符号不同，那么称其中一个数是另一个数的相反数。

活动2：从关联的知识点 1——数轴角度，编制题目复习。

［可能会出现如下题目：①在数轴上表示互为相反数（0 除外）的两个点，位于_____，并且_____相等；②数轴上离开原点 5 个单位长度的点表示的数是什么？等等。］

问题4：同学们对以上两个题目的编制有其他想法吗？

（学生设计的问题，可能会出乎老师的意料，应顺势抛给学生。）

活动3：通过对刚才这个问题的修正和解决，我们可以收获到，借用数轴来解决相反数的一些问题很直观，容易找到解决问题的思路，下面请大家完成以下练习。

练习：根据下面给出的数轴，解答下面的问题：

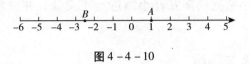

图 4 - 4 - 10

（1）请你根据图中 A、B 两点的位置，分别写出它们所表示的有理数：

A：_____ B：_____。

（2）观察数轴，与点 A 的距离为 4 的点表示的数是：_____。

（3）若将数轴折叠，使得 A 点与 -3 表示的点重合，则 B 点与数_____表示的点重合。

教师再次引导学生总结相反数在数轴上对应点的特征：在原点的两侧，并且到原点的距离相等。

设计意图：通过以上问题的解决，揭示了数轴、相反数、距离、对称之间的关系，并且能利用相反数在形式上的特征探索解题的思路。

活动 4：从关联的知识点 2——绝对值角度，编制复习题目。

教师巡视指导，发现代表性的题目，如：

（1）绝对值等于 2019 的有理数是_____。

（2）已知 $|x-1|$ 的值是 5，求 x 的值。

（学生瞬间议论开来，讨论有些激烈，教师进行引导。）

设计意图：通过以上问题的编制和解答，再让学生归纳相反数、数轴、绝对值这三者之间的位置和数量关系，加深对相关概念的理解。

环节三：练习巩固、演绎提升

活动 5：从关联的知识点 3——方程角度，编制复习题目。

如果在第一个学习环节中没有涉及方程这个关联点的回顾，学生迟迟没有成果，最终我将给出以下两个题目：

（1）已知 $2a$ 与 $3a+5$ 互为相反数，则 $a=$ _____。

（2）已知 $|a+2|+|b-1|=0$，则 $(a+b)-b(b-a)=$ _____。

教师引导学生解答。

设计意图：在对以上两个题目的讨论和交流上，从两个相反数代数运算的形式体现中，让学生进一步领悟到，若 $x+y=0$，则 x，y 互为相反数，反之也成立。

环节四：评价反思、应用迁移

教师：通过以上活动对相反数进行了全面复习，你学到了什么知识和方法？获得了哪些活动经验？还有什么疑惑？

（学生从个人小结到同座互补小结进行了交谈，并要求学生课后画思维导图）

三、教学建议与商榷

1. 众人拾柴火焰高——丰富学习活动的厚度

教学中依据相反数定义和其中三个关联知识点，设计了 5 个学习活动，给足学生时间和空间，集思广益，由"建圈子"让学生明确本节课复习的目标，指明学习活动的目的和方向，在目标的导引下"拉关系"呼朋唤友，让数轴、相反数、绝对值三位伙伴在学生的交流和探讨中，逐步牵手并尽兴热聊沟通。相反数定义中关键词的理解、相反数在数轴上表示点的特征及数量位置的关系，得到了充分鲜明的展示，更重要的是这节课的教学内容，通过"关联编题—观察交流—修正改进织网纳入"的学习过程，相互交织，相伴相随。在熟络它们关系后，让概念运用进行了"善变通"，从两个相反数代数运算的形式体现上，进一步领悟文字语言和符号语言转化的重要性，从数与形两方面对相反数进行了拓展性的复习，扩充了复习的维度。从学生学习参与度看，5 个学习活动起点低、入口浅，较好地激发了学生积极回顾旧知识，迫切产生学习新方法的愿望，学习过程既有学生自主实践和思考的过程，又有交互反馈和评价的过程，可见，5 个学习活动丰富了学生参与的维度，加厚了学生思维活动的具体素材，深化了数形结合、方程、图形变换等数学思想的学习目标。

2. 左右逢源——加强关联知识的联系

知识点之间往往有着千丝万缕的关联，而教材为了教与学的需要，常将它们进行一些细化和分割，降低难度，突出重点，便于学生接受和理解。而如何让"关联知识"左右逢源，这是教学时首先需要考虑的问题，由于学习的素材大部分内容都来自学生现场的编题，选择的问题恰当与否，直接关系着"联系"与否。学生选择时要考虑到：首先，要选择合适的教学起点，从学生已有的知识和经验出发，以题领题，拾级而上，才有打开学生思维的可能；其次，要突出知识间的联系和整合，题目之间不可孤立，要尽可能前后串接、逐步生长，形成一个有机整体。

3. 上下沟通——构建整体内容的脉络

就"有理数"这一章节来分析，这些知识点让学生形成了由点到面的学习过程，也突出了本章概念学习的重点和难点，从"形"和"数"上对相反数做了全面的诠释，层次分明，脉络清晰，为学生构建良好的数学认知结构做出了优良的保证。并利用数形结合、方程、对称、化归等思想方法解决问题，活络了整体知识应用的筋脉，达到了对概念理解和运用一致性的目的。

第五节　活动课型案例分析

案例1　利用全等三角形测距离的教学案例分析

遵义市第十一中学　张普钢

一、教学前端分析

《课程标准》指出"数学是研究空间形式和数量关系的科学"。本节课利用全等三角形的判定条件构建两个全等三角形，把实际生活中的问题转化为数学问题，从而找到更简单的方法解决实际问题。引导学生利用现有的工具构建全等三角形解决实际生活中的测量问题，在将"不可直接测量的距离"转变成为"可直接测量的距离"的过程中，总结出几种构建全等三角形的方法，说明其中的数学道理。通过对具体事件的观察、猜测、实验、推理、验证，使学生从看到做，再到空间想象，从而达到学生动脑和动手相结合的教学效果，并鼓励学生在解决问题的过程中有条理地思考和表达。

本节课运用多媒体演示法、分组讨论法、操作实验法、完成设计报告等多种教学方法，使学生始终处于主动探索问题的积极状态中，使数学学习变得有趣、有效；使学生在活动中获得成功的体验，增强学好数学的信心。通过学生小组合作交流，充分调动学生的积极性，体现以教师为主导、以学生为主体，引导学生动手实践、自主探索与合作交流的教学理念。

教学重点：构造全等三角形测量距离。

教学难点：选择合理的构造方式构造全等三角形。

二、教学过程设计

环节一：创设情境、提出问题

（幻灯片展示）在抗日战争期间，为了炸毁与我军阵地隔河相望的日本军队的碉堡，需要测出我军阵地到日军碉堡的距离。当时由于没有先进的测量工具，我八路军战士为此绞尽脑汁。最终，一位聪明的八路军战士想出了一个办法，为成功炸毁碉堡立了一功。同学们，你知道这位聪明的八路军的方法是什么吗？

聪明的八路军战士的方法如下（图 4 – 5 – 1）：

战士面向碉堡的方向站好，然后调整帽子，使视线通过帽檐正好落在碉堡的底部；然后，他转到相反的角度，保持刚才的姿势，这时视线落在了自己所在河岸的某一棵树上；接着，他用步测的办法量出自己与那个点的距离，这个距离就是他与碉堡的距离。

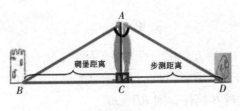

图 4 – 5 – 1

环节二：自主探究、合作交流

思考：同学们，八路军战士的这种做法可行吗？为什么？

追问 1：请问故事中的哪段距离可以直接测量呢？哪段距离不可直接测量呢？为什么？

追问 2：为什么战士可以确定"人与树的距离"就是"人与碉堡的距离"，结合图形，说说你的理由。

追问 3：我们将实际问题转变为数学问题来解决。请同学们画出几何图形。

追问 4：请同学们根据图形找出故事中的条件，写出已知、求证。

设计意图：引导学生挖掘故事中的关键词，保持刚才的姿势（让学生戴上准备好的帽子实地演示）——$\angle CAD = \angle CAB$，他面向碉堡的方向站直站正——$AC \perp BD$，$AC = AC$，从而找出问题的已知和求证。

追问 5：请同学们写出证明过程。

追问 6：构造三角形全等所用的方法是什么？（延长法）

设计意图：聪明的战士巧妙地利用自身身高、站姿与地面垂直和固定视角不变构造全等三角形，把不可直接测量的距离转变成为可直接测量的距离，这就是这节课要学习的内容。而聪明的同学们将实际问题转化成了数学问题，利用三角形全等知识解释了故事的合理性。

探究：同学们，除了角边角这一判定方法外，你还知道哪些判定三角形全等的方法？请结合你的想法，设计一个合理的方案。

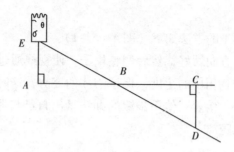

图 4 - 5 - 2

方案：在碉堡的正前方确定一点 A，在河岸上找一棵树 B，在 AB 的延长线上确定一点 C，使得 $AB = BC$，过点 C 沿垂直河道与碉堡的反方向走，找到一点 D，使得碉堡恰好被树 B 挡住，则 $BD = BE$。

追问：请同学们思考一下，方案二是否合理？请你说出理由。

探究小结：

问1：解决此类问题的方法是什么？

评价：生活问题数学化，未知问题已知化。

问2：我们构造三角形的关键是什么？利用到了三角形的什么性质？

评价：途径，构造全等三角形（关键）；性质，全等三角形的性质。

问3：构造三角形全等所用的方法是什么？（垂直法）

设计意图：让学生自由发挥自己的想象，并且给同学们充分的肯定，让学生在生活中体会数学，在数学中体会生活。在强烈的时代背景下，增强了民族自豪感，增强了学生的爱国情怀，增强了同学之间的团队合作意识。

环节三：练习巩固、演绎提升

如图 4 - 5 - 3 所示，A、B 两点分别位于一个池塘的两端，小明想用绳子和三角尺测量 A、B 间的距离，但绳子不够长，不能直接测量出，你能帮他想个办法吗？

追问1：请你设计一个合适可行的方案，画出图形，写出设计方案，并说明理由。

追问2：你还有其他设计方案吗？尽可能多地设计出不同的方案来。

图 4 - 5 - 3

展示各组方案，小组成员代表讲述画法和原理，选定最佳方案，教师做出鼓励性评价。

通过小组讨论，得出如下几种方法（图 4 - 5 - 4）：

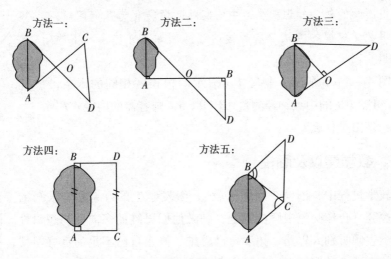

图 4 – 5 – 4

探究小结:

问1:同学们,在构造三角形的过程中,为了使构造边相等,我们运用到了哪些方法呢?

评价:构造中点、截取、公共边。

问2:为了构造等角,我们又用到了哪些方法呢?

评价:构造对顶角、做垂直、构造等角。

设计意图:让学生懂得情境中使用的方法虽然是一种估测,不是准确值,但却是解决问题的好方法。鼓励学生通过积极探索、讨论,找出解决方案,锻炼学生思维的逻辑性和发散性,在学生合作交流解决问题的过程中,培养学生的合作精神,提高学生的口头表达能力。

环节四:拓展提高、课外延伸

课堂小结:

(1)本节课"利用三角形全等"解决实际生活中的什么问题?

（测量不可到达的两点间的距离的实际问题。）

(2)利用三角形全等解决实际生活中的"测距离"问题的目的是什么?

（通过三角形全等把"测不到的距离"变为"可测距离"。）

(3)设计方案的关键是什么?

（如何构造全等三角形。）

(4)利用三角形全等"测距离"主要方法有哪些?

（延长全等法、垂直全等法、平行全等法等。）

设计意图:让学生回忆、交流,尝试对所学知识进行归纳、梳理,使学生知道可用所学的数学知识把生活中的实际问题转化为几何问题，知道运用数学建模的方法解决身边的实际问题，并体会其中的转化思想。

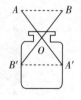

图 4 - 5 - 5

如图 4 - 5 - 5 所示，AA'、BB' 表示两根长度相同的木条，若 O 是 AA'、BB' 的中点，经测量 $AB = 9$ cm，则容器的内径 $A'B'$ 是多少？理由是什么？

三、教学建议及商榷

在教学过程中，创设"问题情境"，激发学生的好奇心、求知欲。让学生在自主探究、合作交流中解决问题，刺激他们思维的多向性与逻辑性。同时也培养了学生倾听别人思路、拓展自己思维、修正自己不足的良好习惯，使他们在积极的互动中掌握知识，发展分析问题、解决问题的能力。

在探究活动过程中，教师应注重教学中师生间的对话、教师对学生的引导。教师应利用教育激励策略，给予学生激励性的评价，使他们在积极的互动中掌握知识；同时注重学生的主体作用、互评纠错，教师适时引导，及时评价；着重捕捉学生在讨论、回答中存在的问题，为学生解答疑惑。在有条件的情况下，可以让学生通过户外活动，进一步增强应用意识与运用数学知识解决实际问题的能力，让学生体会数学源于生活也服务于生活的理念。

渗透法则教育，增强学生的民族自豪感；增强学生的爱国情怀；让学生感受中国现在的繁荣昌盛；在团结合作中，体会团结的力量和强大，增强同学们的团队意识。

案例 2　整式加减的数学活动的教学案例分析

遵义市第十一中学　罗灿光

一、教学前端分析

应用整式和整式的加减运算表示实际问题中的数量关系；探究图形中火柴棍的根数与图形三角形的个数之间的对应数量关系；掌握从特殊到一般，从个体到整体的观察、分析问题的方法；尝试从不同角度探究问题，培养学生的应用意识和创新意识；有意识地培养他们有条理的思考和口头表达能力；积极参与数学活动，在数学活动过程中，合作交流、反思质疑，体验成功的乐趣，锻炼学生克服困难的意志，建立学好数学的自信心。培养学生敢于挑战、勇于探索的精神和善于观察、大胆创新的思维品质。

教学重、难点：用整式表示实际问题中的数量关系，掌握数学活动中从特殊到一般的探究方法；利用整式和整式的加减运算准确表示具体情境中的数量关系。

二、教学过程设计

环节一：创设情境、提出问题

问题 1：做一个小游戏，只移动一根火柴，使下列等式成立。

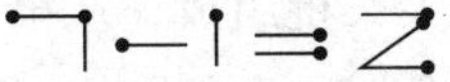

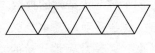

图 4 - 5 - 6

设计意图：通过玩游戏让学生轻松、愉快地进入学习状态，培养学生的语言归纳和观察能力，为下面例题做铺垫。

环节二：自主探究、合作交流

问题 2：用火柴棍拼成 1 个三角形，需要多少根火柴棍？拼成两个三角形，需要多少根火柴棍？按照下图摆放拼成 3 个三角形，需要多少根火柴棍？

设计意图：由简单的几个图形入手，再提出比较困难的问题，为数学活动的探究做准备。让学生的注意力都集中在题目上，并关注图形中含有 n 个三角形时与火柴棍之间的数量关系。

例：数学活动如图 4 - 5 - 7 所示，用火柴棍拼成一排由三角形组成的图形，如果图形中含有 n 个三角形，需要多少根火柴棍？如果图形中含有 2018 个三角形，需要多少根火柴棍？

图 4 - 5 - 7

问题 3：第一个三角形以一根火柴棍为基础搭配，规律是什么？

分析：老师引导学生借助于"形"进行思考和推理，加强对图形变化的感受。引导学生从不同的角度去观察、分析。

从第二个图形开始，与前一个图形对比，每增加一个三角形，增加两根火柴棍。

如果图形中含有_____个三角形，需_____根火柴棍；如果图形中含有_____个三角形，需_____根火柴棍；如果图形中含有

_____个三角形，需_____根火柴棍；如果图形中含有_____个三角形，需_____根火柴棍；应用整式的加减化简可得_____。

总结：从第二个图形起，与前一个图形比，每增加一个三角形，增加两根火柴棍。

问题4：第一个三角形以两根火柴棍为基础搭配，规律是什么？

总结：从第一个图形起，以两根火柴棍为基础，每增加一个三角形，增加两根火柴棍。

问题5：第一个三角形以三根火柴棍为基础搭配，规律是什么？

总结：每个三角形由三根火柴棍组成，从第一个图形开始，火柴棍的根数等于所含三角形个数乘3，再减去重复的火柴棍根数。

问题6：将整个组成图形的火柴棍按摆放方向搭配，规律是什么？

总结：将组成图形的火柴棍分"横"放和"斜"放两类统计计数。

问题7：将整个组成图形的火柴棍按摆放重复搭配，规律是什么？

总结：每个三角形由三根火柴棍组成，从第一个图形开始，火柴棍的根数等于所含三角形个数乘3，再减去重复的火柴棍根数。

设计意图：学生在探究的过程中从不同角度观察图形，会用不同的表达形式呈现规律，会从数和形两个方面进行探究。培养学生从不同的角度去观察、分析的能力。

问题8：数学探究活动有几个步骤，它们分别是什么？

（1）**基本步骤**：提出问题、动手实践、寻求规律、归纳总结。

（2）**探究规律**：特殊到一般再到特殊。

（3）**数学知识**：用字母表示数、整式的加减。

（4）**重点关注**：三角形的个数与火柴棍的根数之间的关系。

设计意图：总结学生完成数学活动的基本步骤，探究规律的过程中所用到的数学知识和重点关注的对象。通过对数学活动的总结，运用探究过程、探究方法去完成其他数学活动。

环节三：练习巩固、演绎提升

如图4－5－8所示，以一根火柴棍为一边，用火柴棍拼成一排由正方形组成的图形，如果图形中含有2018个正方形，需要多少根火柴棍？

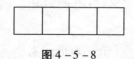

图4－5－8

设计意图： 让学生应用数学活动所学的方法和策略解决同类问题。从不同角度分析问题，可以开阔学生思路，培养学生发散思维。检测学生用字母表示数量关系的能力和从不同角度探究问题的能力，并检验本节课的教学效果。

环节四：拓展提高、课外延伸

（1）字母 a、b、c、d 各代表正方形、线段、正三角形、圆四个图形中的一种，将它们两两组合，并用字母连接表示，如图 4 – 5 – 9 是三种组合与连接的对应图，由此可推断图形 △ 的连接方式为_____。

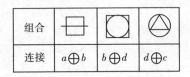

组合	▭	◯	△
连接	$a \oplus b$	$b \oplus d$	$d \oplus c$

图 4 – 5 – 9

设计意图： 复习巩固，提升从不同角度分析、思考问题的能力。

（2）解决本节课中的问题，用到了什么知识？

（3）解决本节课中的问题，用到了什么思想方法？

设计意图： 整理知识点，用到了字母表示数、整式的加减运算。整理思想和方法，体验从一般到特殊再从特殊到一般，数形结合思想。

三、教学建议与商榷

本节课属于人教版《义务教育教科书·数学》七年级上册"整式"内容的数学活动，整章内容讲了整式和整式的加减，这一课主要讲了整式和整式的加减特征及应用。教学关键是引导学生从不同的角度去分析探究三角形的个数与火柴棍根数之间的数量关系。教学后我进行如下反思：本课的要点是让学生经历自主学习探索的过程，教学已基本达到了预期目标，能突出重点，兼顾难点。本节课上学生体会了数形结合思想及从特殊到一般的数学思想；授课思维流畅，知识发生发展过渡自然，学生在老师的引导下使问题的探讨得以不断深入，学生思考积极、气氛活跃，教学效果较好。采用小组自主探究的学习方式，同时各小组展开激烈的比赛。整节课都在紧张而愉快的气氛中进行。学生回答问题非常活跃，人人都能积极参与；先从简单图形出发，激发学生的图形观，利用拼一拼、搭一搭活动，使学生在动手的过程中发现规律，并通过小组合作，探究规律，然后归纳总结，并引导学生从不同的角度思考问题，突出以学生为主体的探索性学习原则，大大激发了学生学习的积极性和主动性。

第 五 章

初中数学探究式课堂教学的
教学理论与实践

第一节　理论研究篇

对教学设计中问题价值的思考

桐梓县教研室　张天富

题记：善待问者如撞钟，叩之以小者则小鸣，叩之大者则大鸣。

——《礼记·学记》

一、课堂教学"问题化"

数学教学原则：问题引领问题驱动。用适度启发性的问题，引领、驱动学生的思考和探索，培养问题意识、创新精神。

现代学习方式强调要通过问题引领、问题驱动，同时也要通过学习生成问题，即我们通常所说的课堂教学要具有"问题"意识，要做到"问题"有效。

课堂教学形式：探究式教学、启发式教学……教师在施教过程中为启发学生积极深入思考，或边讲边问，或阶段性提问，或跟进式追问，问题总是伴随着学生的整个学习过程。

对课堂教学中教师提问的问题认真思考后，就不难发现，我们常见的问题设计，还是有很多问题需要我们大家共同来思考与探讨。

二、设计问题现状

1. 问题缺少情境的设计

问题即使设计的逻辑关系再简练、连贯、严谨，也引不起学生的兴趣，激不起学生探索的欲望，教师的课讲得既好又顺，抑制了学生发现问题、提出问题、解决问题的能力，影响了课堂学习效果，学堂将变讲堂。

案例：在"二次根式"的教学中，任课教师利用多媒体技术，制作了一个课件，主要内容是世界杯足球赛的画面。在课堂教学中，气氛很热烈，很吸引学生，不知不觉就过去了十多分钟。原来，设计者只是想利用足球场中心的那个圆，告知学生面积是多少，然后求其半径。

这样的情境创设没有"数学味"，为了情境而情境，取情境之"形"而忽视内容之"实"。没有紧扣数学教学内容，没有突出数学学习主题。创设的情境要拥有数学的"脊梁"。

创设的情境不应陷入"形而上学"的泥潭，不应对情境本身做过多的具体描述和渲染。

2. 问题过于细碎的设计

学生在忙于解决小步子、多台阶的问题时，忽视了解决问题的目的与前提、知识的关联与结构，从而就谈不上建立环环相扣的知识体系，结果形成了"只见树木不见森林"的现象，无法构建本学科的学科思维体系。

3. 问题缺乏目标的设计

例：教师在学生第一节课学完"一元一次不等式组"后，第二节课上课开始在幻灯片上出示一组题目：

① 若不等组 $\begin{cases} x > m \\ x > 5 \end{cases}$ 无解，求 m 的取值范围；

② 关于 x 的不等式组 $\begin{cases} x - a > b \\ 2x - a < 2b + 1 \end{cases}$ 的解集为 $3 < x < 5$，求 $\dfrac{a}{b}$ 的值。

4. 问题无思维性的设计

问题没有难度、梯度和密度。

例：与三角形有关的角。

三角形外角定义的教学：

（1）教师画图，引出外角并板书课题。

（2）教师提问：如何给三角形的外角下定义？

（3）教师板书三角形外角的定义并说明 $\angle ACB$ 有两个外角，即 $\angle ACD$、$\angle BCE$。

（4）教师提问：一个三角形共有几个外角？要求学生思考，说出画法，指出外角。

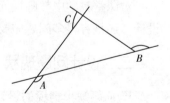

图 5 – 1 – 1

（5）教师归纳：三角形有三个内角，每一个内角有两个外角，每个内角的两个外角相等。

5. 问题无生成性的设计

老师机械执行自己设计的问题，发现不了或者是不能及时捕捉学生生成的问题进行点化而做顺势处理，甚至置之不理。

6. 问题化易为难的设计

例：在教学"有理数的乘法"一节课中，教师提出这样一个问题："有理数的乘法可以分几类?"而且是在感性经验很不充分的情况下提出的。这个问题对于刚上七年级的学生来说比较抽象，而且与《课程标准》的要求相悖，关键是不符合学生的年龄特点，对学生获得知识的途径理解有失偏颇，把具体问题抽象化，简单问题复杂化，给学生的学习人为地制造了难关，阻碍了学生思维的发展。

试想，换一种思路：先利用教材中蜗牛爬行的模型，再结合生活实例让学生参与到活动中，从运动问题中抽象出数学关系——有理数乘法的运算式，丰富学生的感性经验，同时也创设了一个能推动学生自主探究的情境，在这个情境中展开教学过程，学生的活动材料是丰富的，可操作的，教师不需要声嘶力竭地启发，只需要适时地提出问题，就可以游刃有余地驾驭课堂，学生的思维也不会被扭曲，可以按照本来的规律发展。

7. 问题忽视思维的设计

在"中心对称图形"一节课的教学过程中，教师让学生进行实验探究。教师事先准备了几个中心对称图形的教具，在每个教具上标上了一对中心对称点。上课后，教师提出问题，"观察这几个图形在旋转过程中具有什么相同点?"接着请几个学生上台利用教具演示旋转 $180°$ 后，图上的点 A 与 A' 重合。从而"概括"出中心对称图形的概念。

三、改进的几点思考

标准：

"度"——似会非会，感到能解决但又不能轻易解决，经过适度努力能够解决。

即"跳一跳能够摘到果实"——问在点上，能启发学生思考。

特点：

（1）有较强的探索性，有某种程度的独立性、判断性、能动性和创新精神。

（2）有现实意义，与学生实际生活直接联系，有趣味和魅力。

（3）有多种不同的解法、多种可能的答案，即开放性。

（4）有能推广或扩充到各种情形的潜力。

原则：

（1）要注重学生已有的经验，学生有能力去解决。

（2）设计的问题都是真实可信的。

（3）可引导学生从不同的角度探究问题的解决方法和途径。

（4）设计的问题要结合学生的生活实际。

① 创设问题情境，锻炼学生提出问题、解决问题的能力。

教师的作用是做一个好的导演，把提出问题、解决问题的机会和权力尽可能地还给学生，从而培养学生发现问题、解决问题的能力，最终达到培养学生自主学习的目标。

② 要重视问题阶梯的设计，更要重视学科思维体系的构建。

教师一连串问题设计体现的是学科思维方法，而不是一步一问、一问一答式的知识罗列，甚至可以尝试一下让学生自主构建知识，跳跃式学习。

③ 灵活捕捉课堂问题生成，及时点化演绎课堂精彩。

教师要根据实际情况随机应变，及时抓住课堂上生成的问题，通过巧妙引导化解学生的谜团，通过巧妙点化演绎课堂精彩。

课堂上鼓励学生发表自己的观点，促进问题生成，培养学生会思考、善思考的思考能力，出乎意料的问题情境更能激发学生解决问题的欲望，促进学生思维火花的碰撞，从而使学生的思维在讨论争辩中得到发展与升华。

④ 通过问题，点燃激情。

专题复习——二次函数中存在平行四边形问题。

平面内，线段 AB 平移得到线段 $A'B'$，则① $AB // A'B'$，$AB = A'B'$；②$AA' // BB'$，$AA' = BB'$。

思考：

（1）如图 5 - 1 - 2 所示，点 A 移动到 A'，先向右移动了多少个单位？

（2）然后再向上移动了多少个单位？你是怎么计算的？

（3）点 B 移动到 B'，水平移动和垂直移动的距离，你计算的结果一样吗？

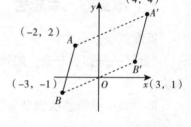

图 5 - 1 - 2

通过这些问题，引导学生复习了线段平移和平行四边形的判定定理等知识点，为本节课探究用对点法求平面直角坐标系中平行四边形点的坐标做好知识铺垫，引发学生思考本节课学了什么？

例：如图 5 - 1 - 3 所示，平面直角坐标系中，$\square ABCD$ 的顶点坐标分别为 A（x_1，y_1），B（x_2，y_2），C（x_3，y_3），D（x_4，y_4），怎么表示线段 AB 移动到 CD 时，它左右平移的距离和上下平移的距离呢？

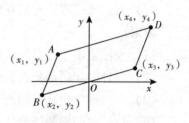

图 5 - 1 - 3

总结： $x_1 - x_2 = x_4 - x_3$，$y_1 - y_2 = y_4 - y_3$
或者 $x_4 - x_1 = x_3 - x_2$，$y_4 - y_1 = y_3 - y_2$；

$x_1 + x_3 = x_2 + x_4$，$y_1 + y_3 = y_2 + y_4$。

反思小结： 在平面直角坐标系中，平行四边形两组相对顶点的横坐标之和相等，纵坐标之和也相等。

让学生学会由特殊到一般的题型转换，通过类比归纳，得出在平面直角坐标系中，对应点横坐标和对应点纵坐标的规律，培养学生总结归纳的好习惯。

例： 如图 5 – 1 – 3 所示，在平面直角坐标中，已知点 A （x_1，y_1），B （x_2，y_2），C （x_3，y_3），点 D 是平面内一动点，若以点 A，B，C，D 为顶点的四边形是平行四边形时，则点 A 的对应点可以是哪些？你能利用刚才的方法去求 D 点的坐标吗？

活动： 老师随机抽三名学生，先由这三名学生各持一个字母站成一个三角形，然后提问学生，老师站哪个位置，可以由 4 点连成平行四边形？此时，老师对边的这个顶点字母是什么？

指导学生分类讨论：

一定三动：先设出未知点的坐标，选定一个点，然后找出另外一个点与其相对应。例如：①当点 A 与点 B 相对时；②当点 A 与点 C 相对时；③当点 A 与点 D 相对时，再根据每种情况列出方程组，解方程组可求出未知点的坐标。若要作图，可根据求出的坐标去画图。

通过师生游戏活动后，由学生讨论得出当选定一个点后，以四个点的平行四边形成立时，这个点的对应点有哪些？整个环节由学生自主探究，让学生在这个过程中体验到探索数学知识的方法，并学会运用分类讨论的思想。

⑤ 建立在学生思维最近发展区内的设问。

在学习整式平方差公式中，设计以下问题：

（1）计算 $(a+b)(a-b)(a^2+b^2)$；

（2）计算 $(-x+y^2)(-x-y^2)$；

（3）计算 $(2^2-1)(2^2+1)(2^4+1)(2^8+1)$。

问题（1）面对全体学生，考查了学生连续运用平方差公式的能力。

问题（2）涉及对平方差公式的运用中两数和与两数差的理解，两数分别为 $-x$ 与 y^2。

问题（3）面对学有余力的学生，引导如何运用平方差公式进行计算。很明显，题目中只出现了两数和，能否构造两数差，事实上原式 $= (2^2-1)(2^2+1)(2^4+1)(2^8+1) = 2^{16}-1$。

问题设计不宜停留在"已知区"，也不能直奔"未知区"，应该在"已知区"与"未知区"之间的"最近发展区"找问题的切入点。同时，问题设计既要面向全体学生，又要尊重学生的个体差异。问题（1）（2）重在理解和掌握平方差公式，问题（3）体现在平方差公式的灵活运用上，构造满足平方差公式的条件，让学生在体验和探索中提高运用数学知识解决问题的能力。

⑥ 师生交流，鼓励学生、开发学生"问题意识"。

例： 在学习合并同类项时创设以下情境。

师： 下面请同学们来和我做一个游戏。任意报出一个数，将它乘以2，减去5，再减去第一个所报出的数，最后加上3。只要你报出一个数，我就能在1秒钟内算出结果。

生： 开始面面相觑，感到惊奇。紧接着有学生在草稿纸上运算。很快有学生举手，老师我知道了，设报出的数为 a，那么结果为 $2a - 5 - a + 3 = a - 2$。

师： 哪位同学再设计一个问题让我们大家来回答呢？

兴趣是最好的老师，是学生学习的内在动力。了解学生的爱好和学情是保证问题趣味性的前提，学生积极思考与积极参与课堂活动是检验问题趣味性的标准。在课堂教学中，教师要创设良好的教学环境，洞察学生的思考方式和经验背景，做出相应的教学引导，引发学生对问题的进一步思考。

总之，重视对问题设计的分析，让问题设计成为师生共同对知识的发现、理解、研究、创造的重要途径，才能实现真正意义上的"教学相长"。

"三线四环五型"探究式课堂教学的课例分析与反思

遵义市第十一中学　邹　磊

《课程标准》中明确提出，"倡导探究性学习，力图促进学生学习方式的变革，引导学生主动参与探究过程、勤于动手和动脑，逐步培养学生发现问题和提出问题、分析问题和解决问题的能力，获取新知识的能力，以及交流与合作的能力等，重在培养创新精神和实践能力。"探究式教学一般是：学生在教师指导下，从熟悉或感兴趣的数学情境中，通过主动探究，提出问题、研究问题和解决问题，获得适应未来社会生活和进一步发展所需的数学知识以及数学思想方法和应用技能，发展具有探索、创新的科学精神的数学学习活动。这种学习方式改变了传统的"教"与"学"的学习方式。由教师对学生的"教"转变为指导学生的"学"；由学生被动接受知识转变为主动探索、研究知识；由单纯地追求书本知识转变为开放性学习，多渠道获取知识并重视知识的应用。

一、"三线四环五型"探究式课堂教学模式的概述

这种探究式教学模式是构建以学生活动和问题研究为中心，以探究、发现为主线，以培养学生创新和提高学生素质为目标，以数学教学的五种课型为载体的探究式课堂教学模式。

模式结构——三条主线：问题—探究—发现（图5-1-4）。

图5-1-4

模式环节——四个环节：激疑、探究、建构、迁移。

以模定型——五种课型：概念课型、规律课型（定义、定理、法则、公式）、问题解决课型（习题、例题）、复习课、讲评课。

"三线四环五型"教学模式既是一种教学模式，也是一种教学理念。因此，即使同一种数学课也由于教学目标、教学目的、教学内容的不同，会使所有的数学课型不能使用统一的、固定的模式。为了实施高效的数学教学，根据教学内容的特点可以把数学课分为五种类型进行研究。

二、"三线四环五型"探究式课堂教学模式课例分析

数学定理和公式是揭示数学概念本质的一种形式，是进行推理的依据，是学生构建知识网络的基础，也是问题解决的关键。因此，我们在初中数学定理和公式的教学中，不仅要让学生理解定理和公式，还要让学生参与到定理和公式的探究过程中。这不仅使学生的思维得到了提升，而且还能使定理和公式在学生的脑海里得到长期的记忆。下面以"角平分线的性质"一节为例来说明，以操作体验、实践探究为主的探究式课例。

（一）设计说明

本节内容主要是角平分线的性质，通过动手操作、测量、观察、猜想、验证角平分线的性质。在知识的呈现方式上，尽可能给学生留出思考和探索的空间，尽量结合学生已有的经验，让学生自己思考、探索并得到角平分线的性质。根据《课程标准》的要求，我在处理教材时要充分尊重学生，从而体现学生学

习的主体作用，发挥其自主学习与合作学习的优势，让每个学生都活动起来，参与到整个教学中去。同时把时间留给学生，让他们有足够的思考时间和充分的表达机会，鼓励他们创新思维和严谨表达。

1. 教学内容分析

本节课是人教版《义务教育教科书·数学》八年级上册第12.3节第一课时的内容，是在七年级学习了角平分线的概念和前面刚学完证明直角三角形全等的基础上进行教学的。内容包括角平分线的做法、角平分线的性质及初步应用。作角的平分线是基本作图，角平分线的性质为证明线段或角相等开辟了新的途径，体现了数学的简洁美，同时也是全等三角形知识的延续，又为后面角平分线的判定定理的学习奠定了基础。因此，本节内容在数学知识体系中起到了承上启下的作用。同时教材的安排由浅入深、由易到难、知识结构合理，符合学生的心理特点和认知规律。

2. 教学目标

知识技能：

（1）掌握用尺规作已知角的平分线的方法。

（2）掌握角平分线的性质。

数学思考：

在探究作已知角的平分线的方法和角平分线的性质的过程中，发展几何直觉。

解决问题：

（1）提高综合运用三角形全等的有关知识解决问题的能力。

（2）初步了解角平分线的性质在生活、生产中的应用。

情感态度：

在探讨作角的平分线的方法及角的平分线性质的过程中，培养学生探究问题的兴趣，增强解决问题的信心，使他们获得解决问题的成功体验，逐步培养学生的理性精神。

教学重点：角的平分线的性质的证明及运用。

教学难点：角的平分线的性质的探究。

教学方式：问题—探究—发现（三线四环五型探究式的教学模式）。

3. 教学过程

环节一：创设情境、提出问题

从学生的生活经验出发创设与生活紧密相连的问题情境，增强学生在生活中运用数学的能力。我国著名的教育家陶行知先生说过"生活即教育"。数学来源于生活而又要服务于生活。

小明家在哈尔滨市一栋居民楼的一楼，刚好位于一条暖气和天然气管道所形成角的平分线上的点 P 处，要从 P 点建成两条管道，分别与暖气管道和天然气管道相连。

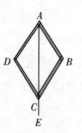

图 5 – 1 – 5

问题 1： 怎样修建管道最短？

问题 2： 新修建的两条管道的长度是否相等？

问题 3： 给出一张用纸做的角，不利用工具，能不能找出这个角的平分线呢？方法是什么？

追问： 老师在黑板上画一个角，同学们能不能找出这个角的平分线呢？

环节二：自主思考、合作探究

用纸剪一个角，把纸片对折，使角的两边叠合在一起，把对折后的纸片继续折一次，折出一个直角三角形（使第一次的折痕为斜边），然后展开，观察两次折叠形成的三条折痕。

追问 1： 第一次的折痕和角有什么关系？为什么？

追问 2： 第二次折叠形成的两条折痕与角的两边有何关系？

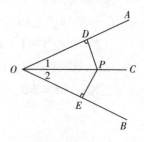

追问 3： 它们的长度有何数量关系？

追问 4： 你能归纳角的平分线的性质吗？

追问 5： 你能用三角形全等证明这个性质吗？

猜想： 角平分线上的点到角的两边的距离相等。

图 5 – 1 – 6

已知： OC 是 $\angle AOB$ 的平分线，点 P 在 OC 上，$PD \perp OA$，$PE \perp OB$，垂足分别是 D，E。求证：$PD = PE$。

验证： 略。

符号语言表示定理： $\because OC$ 是 $\angle AOB$ 的平分线，点 P 在 OC 上，$PD \perp OA$，$PE \perp OB$，$\therefore PD = PE$。

设计意图： 动手操作之后，引导学生观察、测量、猜想，充分引导学生，发挥学生的想象力。

环节三：练习巩固、演绎提升

（1）判断正误，说明理由。

① 如图 5 - 1 - 7 所示，P 在射线 OC 上，$PE \perp OA$，$PF \perp OB$，则 $PF = PE$。（　　）

② 如图 5 - 1 - 8 所示，P 是 $\angle AOB$ 的平分线 OC 上的一点，E，F 分别在 OA，OB 上，则 $PF = PE$。（　　）

③ 如图 5 - 1 - 9 所示，在 $\angle AOB$ 的平分线 OC 上任取一点 P，若 P 到 OA 的距离为 3 cm，则 P 到 OB 的距离也为 3 cm。（　　）

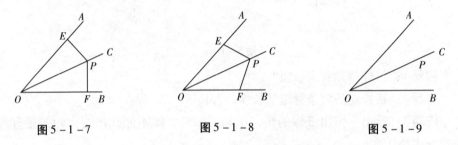

图 5 - 1 - 7　　　　　　图 5 - 1 - 8　　　　　　图 5 - 1 - 9

（2）解决情境问题：根据所学的知识回答，引例中两条管道的长度是否相等？

例 1： 如图 5 - 1 - 10 所示，$\triangle ABC$ 中，AD 是它的角平分线，且 $BD = CD$，DE，DF 分别垂直于 AB，AC，垂足分别为 E，F，求证：$EB = FC$。

环节四：评价反思、应用迁移

（1）如图 5 - 1 - 11 所示，$\angle CAB$ 平分线与 $\angle CBM$ 平分线相交于点 D，$DE \perp AC$ 于 E，$DF \perp AB$ 于 F，猜想 DE 与 DF 的数量关系，并说明理由。

（2）如图 5 - 1 - 12 所示，在 $\triangle ABC$ 中，$\angle C = 90°$，AD 是 $\angle BAC$ 的平分线，$DE \perp AB$ 于点 E，F 在 AC 上，$BD = DF$。

求证：$CF = EB$。

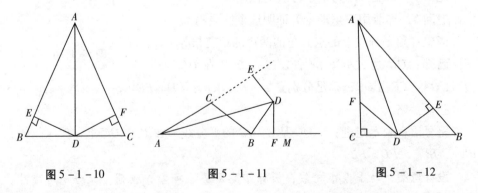

图 5 - 1 - 10　　　　　　图 5 - 1 - 11　　　　　　图 5 - 1 - 12

三、"三线四环五型"探究式课堂教学模式研究反思

传统的课堂教学环境主要是由教师自己主宰，教师根据自己准备的材料从头到尾讲下去就行了，学生认真地听讲或者模仿教师的格式做作业就是教师心目中的好学生。而探究式课堂教学教师由主演变成了导演，课堂的主动权交给了学生，把时间和空间都给了学生，因而课堂上不可预料的事情更多了，没有现成的东西可以照搬。这就需要教师预设一些环节和细节，引导学生的思维产生碰撞，激发学生在学习过程中的思维，释放潜能。通过实践证明：在这样的数学课堂上，学生能发挥自己的主观能动性，积极的思考问题，讨论问题，在这种宽松、民主、和谐的课堂教学环境中，学生学得主动、学得轻松、学得愉快。

（一）情境问题的创设，引发学生探究动机

"三线四环五型"探究式课堂教学，就要考虑怎样的情境才能让学生身临其境，如何引发学生探究问题的热情，激发学生的探究动机，这给教师提出了更高的要求。

（1）从学生的兴趣爱好出发创设问题情境从而吸引学生的注意力，激发学生的学习兴趣。

以学生感兴趣的内容，如数学故事、数学史、历史典故、名人轶事、笑话、歌曲等学生感兴趣的方式创设问题情境，更容易吸引学生的注意力，激发学生学习数学的兴趣。

（2）从学生的生活经验出发创设与生活紧密相连的问题情境，增强学生在生活中运用数学的能力。

中国著名的教育家陶行知先生说过"生活即教育"。数学来源于生活而又服务于生活。利用学生听说过的、看见过的或者亲身经历过的生活素材创设问题情境，学生感到亲切，对提出的问题往往都会跃跃欲试，从一开始就能充分调动学生的学习积极性。

（3）从学生的知识经验出发创设符合学生最近发展区的问题情境。

数学教学活动必须建立在学生认知发展水平和已有的知识经验基础上，从学生的知识经验出发创设问题情境，既可以复习巩固旧知识，又可以把新知识由浅及深，由简单到复杂，使学生在探索、讨论时"跳一跳"就能摘到"桃子"。

（二）如何引导学生探究，探究的高效性

学生在探究、合作、交流中怎样才能保持探究的高效以及教师以怎样的方

式介入学生的探究活动中，都是教师要深入思考的问题；再就是探究问题的选择、设计怎样才能做到既要符合学生的"最近发展区"，又要体现探究的价值，还要兼顾班级的整体都是教师重点考虑的问题。

（1）以"问题"为引领，让学生通过合作、讨论、探究的方式发现问题。

在探究过程中，教师可以通过问题驱动引导学生进行探究，这不仅能达到探究的目的，而且很大程度上不让学生走弯路，不让探究内容偏离方向。有时探究内容本身过大或过难，学生难于着手进行探究，这就需要教师通过问题去追问，激发学生的思维，引发探究。

（2）教师搭建"脚手架"，教师事先把复杂的学习任务加以分解，以便把学生的理解引向深入。

为了引导学生自主学习，就要给学生搭建"脚手架"，课前教师要把学生在探究中会出现的问题进行预设，为学生的探究学习"搭桥铺路"。对课堂中学生探究遇到问题，教师要肢解学生探究中的难点，既不能告诉学生答案，又要让学生继续探究下去，这就需要教师搭好"脚手架"。

总之，课题《初中数学探究式课堂教学模式研究》经过一年多的实践研究，教师是感觉辛苦了一点，但是看到学生现在喜欢数学、喜欢老师、愿学数学、会学数学、能自己探究数学，使我觉得再苦再累也值得。教师的教学设计也主要是站在学生的角度、激励唤醒学生的自信心、让学生的思维动起来。因此，最终学生的素质与成绩的提高也是必然的。

画轴对称图形的教学策略思考

遵义市第十一中学　吴湘花

"画轴对称图形"是《义务教育教科书·数学》八年级上册第十三章第二节的内容，在小学阶段，学生已经对轴对称图形有了一定的认识，本节内容教学目标首先要让学生理解并掌握画轴对称图形的步骤和方法，认识轴对称的变换，进一步探索它的基本性质。其次，借助轴对称的意义，能画出一个图形关于某一条直线对称的图形。再次，掌握由一个平面图形可以得到与它关于一条直线对称的图形，这个图形与原图形的形状、大小完全相同；新图形上的每一点都是原图形的某一点关于该直线的对称点；连接任意一对对应点的线段被对称轴垂直平分。最后，几何图形都可以看作由点组成的，对于某些图形，只要画出图形中的一些特殊点的对称点，连接这些对称点，就可以得到原图形的轴对称图形。其难点在于培养学生的思维能力和激发学生的学习兴趣，这是要重点思考的内容。

思考一：创设情境、激发兴趣

通过有趣的情境创设来激发学生的学习兴趣，"兴趣"是学生主动参与学习的原动力，调动学生学习的积极性是实现学生主体地位的关键因素。

案例：

课前老师讲述王安石的故事，并请学生讲述听后心得。

设计意图：通过课前故事的形式，启发学生让他们懂得机会是给有准备的人的，要做生活中的有心人。

活动：如图 5 - 1 - 13 所示，教师引导学生观察双喜字的特点，并在双喜字上找到一对对应点，研究对应点与对称轴之间的关系？

学生观察、思考，教师提出问题：

（1）折痕两旁的部分是什么关系？（轴对称关系）

（2）折痕与两旁的部分是什么关系？（折痕所在的直线就是两部分的对称轴）

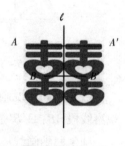

图 5 - 1 - 13

（3）找出一对对应点并连接，观察它与折痕的关系。（折痕所在的直线是对应点连线的垂直平分线）

设计意图：让学生感受轴对称图形的来历，让学生观察对称点与对称轴的关系，学习轴对称的性质，为新课学习做好知识准备。

思考二：设置问题，引发思考

层层递进式问题设置，有利于激发学生思考，是有效教学的保障，培养学生的思维能力是培育学生核心素养的关键，同时也是确立学生主体地位的关键。教师设置的问题能引发学生思考，也是驱动学生主动去探究的动力。

案例：

如果有一个图形和一条直线，如何作出与这个图形关于这条直线对称的图形呢？

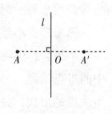

探究1：如图 5 - 1 - 14 所示，已知点 A 和直线 l，试画出点 A 关于直线 l 的对称点 A'，并说说你的画法。

预设：

图 5 - 1 - 14

（1）过点 A 作直线 l 的垂线，垂足为点 O。

（2）在垂线上截取 $OA = OA'$，则点 A' 就是点 A 关于直线 l 的对称点。

教师通过问题引导学生思考如何画一个点关于直线 l 的对称点，教师画图，学生观察，再请学生有条理地说出画图的步骤。

设计意图： 从图形的最基本要素"一个点"开始探究，便于学生理解掌握，为画一个三角形的轴对称图形打下基础。

探究2： 如果在直线 l 的左边还有一个点 B，怎样作出 B 点关于直线 l 的对称点 B' 呢？

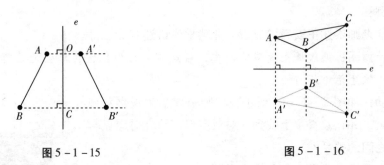

图 5 – 1 – 15   图 5 – 1 – 16

请一名同学说画法，另一名同学上黑板画图，画好以后，连接 AB，$A'B'$，观察线段 AB，$A'B'$ 是什么关系？

师生归纳画线段 AB 关于直线 l 的对称图形的方法步骤：①找关键点；②作对称点；③连线。

设计意图： 从点到段比较自然地进行过渡，学生惊喜地发现作线段的轴对称图形只需要作关键点的对称点。

探究3： 如果要画一个三角形 ABC 关于直线 l 的对称图形呢？

学生独立完成后在小组内交流。

设计意图： 通过探究1、2、3的设置，层层递进，使画轴对称图形问题的难点得到分散，通过师生合作，学生小组讨论，学习状态渐入佳境，完成画图过程，教师作图及板书示范，让学生体验作图的准确性和规范性。最后，师生共同归纳出画轴对称图形的步骤，从而突破本节课的重点、难点。

思考三：小组合作、共赢提升

小组合作学习，是实现学生主体地位的有效措施，通过小组合作解决学习中的难点问题，一方面杜绝老师"满堂灌"的传统模式，打破了课堂是少数学生表现的形式，使更多的学生有表达的机会；另一方面，通过合作交流，培养学生成为会合作、会交往、会沟通、有团队意识、有责任感的人。

在本节课的教学设计中，把画一个三角形 ABC 关于直线 l 的对称图形作为小组合作的问题教给学生。首先通过学生独立思考，独立完成，然后在小组内交流作图心得。一方面，给予学生思考的时间和空间，在经历了画对称点、对称线段的过程后，完成画一个平面图形关于一条直线的对称图形，既是对所学知识的拓展运用，也是对学生学习情况的一个检验；另一方面，通过组内交流的方式，既给予学生更多的表达机会，又培养学生归纳整理知识的能力。同时也使学生学到的知识掌握得更加牢固。

新课改理念倡导既要关注知识，又要关注技能；既要关注结果，又要关注过程；既要关注教师的教，又要关注学生的学。教学设计要以学生为本，突出学生的主体地位，就是要充分调动学生的学习积极性，给足学生思考的时间和空间。

分类讨论思想的举例

遵义市第十一中学　邹　磊

问题 1：已知 $\angle CAB = 30°$，$AC = 4$，在射线 AB 上找一点 D，使 $\triangle ACD$ 为等腰三角形，求 AD 的长？

追问 1：怎样确定 $\triangle ACD$？引导学生进行探究。

追问 2：若 $AC = CD$，如何确定 D 的位置？

生：以 C 为圆心，CA 为半径，画圆交 AB 于点 D，如图 5 - 1 - 17。

追问 3：如何求 AD 的长？引导学生探究。

生：过点 C 作 $CH \perp DA$ 于点 H，如图 5 - 1 - 18 所示，利用 30°的直角三角形性质和勾股定理，得出：$AH = 2\sqrt{3}$，$AD = 4\sqrt{3}$。

追问 4：若 $AC = AD$，如何确定 D 的位置？

生：以 A 为圆心，CA 为半径画圆交 AB 于点 D，如图 5 - 1 - 19 所示，很容易得出 $AD = AC = 4$。

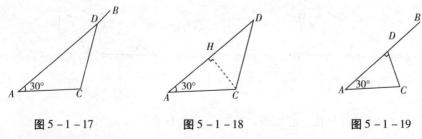

图 5 - 1 - 17　　　　　　图 5 - 1 - 18　　　　　　图 5 - 1 - 19

追问 5：若 $CD = AD$，如何确定 D 的位置？

教师引导学生进行探究，学生得出结论：D 在线段 AC 的垂直平分线上，如

图 5-1-20 所示。学生利用 30° 的直角三角形性质和垂直平分

线的性质及勾股定理，不难得出 $AD = \dfrac{4\sqrt{3}}{3}$。

追问 6：关于问题 1，我们为什么要进行分类？

追问 7：以等腰三角形的什么特征为依据进行分类？谁作为

腰？谁作为底？

图 5-1-20

师生归纳：分类原则，不重复不遗漏。

问题 2：变式练习——已知 Rt△ABC 中，如图 5-1-20 所示 ∠CAB =30°，AC =4，在边 AB 上找一点，使 △ACD 为等腰三角形，求 AD 的长。

追问 8：通过已知条件，我们能知道谁是直角顶点？

生：没有。

追问 9：那你准备怎么办？

生：对直角顶点进行分类。

学生总结画图，小组交流，得出图形，如图 5-1-21，图 5-1-22 所示。

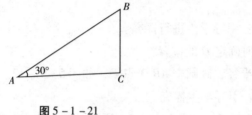

图 5-1-21　　　　　　　　　　　图 5-1-22

追问 10：如何求 AD 的长？

有了前面问题 1 的铺垫，教师先让学生完成，要求小范围内的讨论，最后学生讲解自己的解答，教师板书。

图 5-1-23　　　　　　　　　　　图 5-1-24

追问 11：两道题放在一起比较，你的想法是什么？

生：分类思想。

追问 12：分类的原则是什么？有没有新的体会？

生：对直角三角形抓住"直角"分类，对等腰三角形抓住"腰"进行

分类。

师生归纳：再次强调分类原则——不重复不遗漏。

问题 3：如图 5 - 1 - 25 所示，$\angle BAC = 30°$，$AC = 4$，把含有 30°的三角尺顶点与 C 重合，使三角尺绕 C 旋转，三角尺的两边 CD，CE（可以看成射线）与射线 AB 分别交于 D，E 两点，点 D 在点 E 的左边，且点 D 不与点 A 重合，探究：

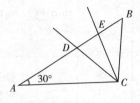

图 5 - 1 - 25

（1）图中有没有相似的三角形？如果有，请指出并给予证明；如果没有，说明理由。

（2）在三角尺旋转过程中，若△DCE 为等腰三角形时，求 DE 的长。

有了前面问题 1 和问题 2 的探究，对问题 3 学生很容易进行探究，我们不难看出教师对整节课的设计可以说是别出心裁。进行问题教学设计（问题 1、问题 2 铺垫）实质上是把问题 3 进行分解，把难点问题进行肢解转化成小问题来研究，本节课解决的问题比较难，教师通过"脚手架"教学策略，使得本节课教学教得轻松，学生学得愉快。

三角形全等条件的教学设计

遵义市第十一中学　邹　磊

一、教学任务

教学内容	"三角形全等的条件"选自人教版《义务教育教科书·数学》八年级上册第十三章 13.2 节
教材分析	本节内容是在学生学习过线段、角、相交线、平行线、三角形的有关知识以及三角形的概念和全等三角形的性质的基础上，开始比较系统地研究有关三角形全等的条件。全等三角形在生活中有广泛的应用，是研究图形的重要工具，对后继几何知识（四边形、圆以及相似三角形）的学习至关重要。本节课通过探索得出"SSS"条件的两个三角形全等，学生会更好地掌握全等三角形的判定方法及应用。这一节内容又是本章知识的重点。它不但为下一步探索"AAS""ASA""SAS""HL"条件以及相似三角形的判定打下基础，而且为以后进一步研究其他图形全等的方法奠定了基础

续　表

教学目标	知识技能	1. 掌握三角形全等的"边边边"条件。通过实物、图片展示了解三角形的稳定性。 2. 能初步应用"边边边"条件判定两个三角形全等
	数学思考	1. 使学生经历探索三角形全等条件的过程，体会利用操作、归纳获得数学结论的过程。 2. 在探索三角形全等条件及其运用过程中，能够进行有条理的思考并进行简单的推理
	解决问题	会用"边边边"条件证明两个三角形全等
	情感态度	1. 通过探索和实际的过程体会数学思维的乐趣，激发应用数学的意识。 2. 通过合作交流，培养合作意识，体验成功的喜悦
教学重点	通过条件由少到多的探索过程掌握判定三角形全等的条件"边边边"	
教学难点	探究三角形全等的条件	
教学方法	探究式、讨论式	教学手段　多媒体辅助教学（Flash 课件）

二、教学流程安排

活动流程图	活动内容和目的
活动一：创设情境、引入新课 活动二：尝试发现、探索新知 活动三：动手实践、发现新知 活动四：应用拓展、巩固训练 活动五：反思小结、布置作业	① 设置情境，提出问题并引入新课，明确探究方向，激发学习欲望。 ② 让学生在实际操作中探索三角形全等的条件。 ③ 按所给条件画三角形，得出规律（SSS）。 ④ 通过例题讲解和课堂练习，加深对 SSS 的理解。 ⑤ 回顾本节内容，反思总结，加强巩固，强化训练

三、教学过程设计

教学内容	师生行为	设计意图
活动一： 视频引入：（用 Flash 课件）展示视频（北京申奥成功的激动场面）。 提出情境问题：为了支持 2008 年北京奥运会，我校全体师生要参加奥运会开幕式。学校安排学生制作一批统一规格的三角形旗帜，该怎样制作才能使三角形旗帜形状、大小完全相同呢？ 问题：如下图所示。 （1）如果 $\triangle ABC \cong \triangle A_1 B_1 C_1$，点 A 与 A_1、点 B 与点 B_1 是对应顶点，试找出其中相等的线段和角。 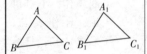 （2）如果 $\triangle ABC$ 与 $\triangle A_1 B_1 C_1$ 满足三条边对应相等，三个角对应相等，这六个条件就保证两个三角形全等吗？ （3）如果 $\triangle ABC$ 与 $\triangle A_1 B_1 C_1$ 全等是不是一定要满足六个条件呢？ （4）满足六个条件的一部分是否能保证两个三角形全等吗？一个条件够吗？两个呢？三个呢？	教师通过（Flash 课件）展示视频内容，提出情境问题。 学生思考、联想、交流、发表见解。 板书课题"两个三角形全等的条件"。 教师提出问题（1）（2）（3）（4）。 学生独立思考并回答。 本次活动中，教师应重点关注： （1）学生是否能将实际问题转化为数学问题（画出的三角形旗帜与原三角形旗帜全等）。 （2）学生是否能准确地找出对应点、对应边。 （3）学生是否明确两个三角形满足六个条件就能保证三角形全等。 （4）学生是否积极参与思考问题、是否有探究两个三角形全等所需条件的欲望。	创设性的设计问题，变"教教材"为"用教材"。①使学生快速集中精力，调整听课状态；②知识的呈现过程与学生已有的生活密切联系起来，激发他们的求知欲望；③明确本节课的探究方向，激发学习欲望；④渗透德育教育思想。 　　设计问题（1）一方面是为了复习全等三角形的性质，比较简单，学生易回答；另一方面是为了导出问题（2）和问题（3），为探究两个三角形全等所需要的条件找到切入点。问题（4）从由少到多的条件进行探索，使问题从复杂化转化为简单化，从而找到解决问题的突破口。

续 表

教学内容	师生行为	设计意图
活动二： **探究1：** 1. 只给一条边或一个角画三角形时，画出的三角形一定全等吗？ **探究2：** 2. 给出两个条件有几种情况呢？每种情况画出的三角形一定全等吗？ 分别按照下面的条件做一做。 （1）三角形的一个内角为30°，一条边为3厘米。 （2）三角形的两个角为30°和50°。 （3）三角形的两条边分别为4厘米、6厘米。	教师提出问题，学生思考问题，动手实践、小组讨论、交流。 　　教师通过课件演示结果。 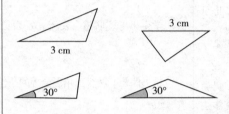 　　教师提出问题，引导学生从"角"和"边"的角度分析两个条件各有几种情形，然后提出具体例子让学生操作。 　　学生动手实践、小组讨论、交流。教师深入小组参与小组活动，倾听学生的交流，并帮助、指导个别有困难的学生。通过课件演示结果。 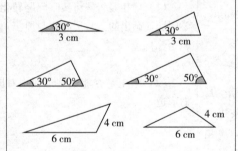 　　本次活动中，教师应重点关注： 　　（1）学生是否通过已有的知识积累，对问题举出反例。 　　（2）在比较活动中，是否通过比较各种情形，得出结论。 　　（3）学生之间的交流程度、参与程度，是否有团队合作意识。	让学生通过讨论体会分类讨论思想，并用它来分析事物的各个侧面。 　　让学生在合作学习中共同解决问题，使学生主动探究三角形全等的条件，培养学生分析、探究问题的能力。培养学生的合作意识和竞争意识。体会合作交流的重要性。 　　通过学生实践操作，小组讨论、合作交流，形成认知：只给一个或两个条件不能保证两个三角形全等。

教学内容	师生行为	设计意图
活动三： 　**探究3：** 　（1）如果给出三个条件画三角形，你能说出有哪几种可能的情况吗？ 　（2）每种情况画出的三角形是否一定全等？ 　已知一个三角形的三条边分别为4厘米、5厘米、6厘米，你能画出这个三角形吗？把你画出的三角形与同伴进行比较，它们一定全等吗？自己再任选一个三角形来画，你发现了什么？得到了什么结论？ 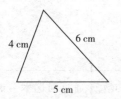 　用三个木条钉成一个三角形框架，它的大小和形状是固定不变的，你能解释其中的道理吗？	教师先提出问题，引导学生思考满足三个条件有几种情形，然后明确探究任务，提出具体问题由学生进行画图操作。 　学生分组动手操作，由组长分工，每人尝试验证。根据需要在任选的三角形上测量数据，将画出的三角形剪下来与同伴进行比较，选出各组的代表发表意见和见解，获取"SSS"条件能判断三角形全等。 　教师参与各个小组讨论，并指导学生，倾听学生的交流，用课件演示作图过程。 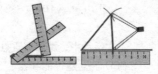 　教师提出问题，学生思考、回答。举出生活中的实际例子。 　教师利用课件动画演示小球分别撞击三角形框架和四边形框架来说明三角形的稳定性。 　本次活动中，教师应重点关注： 　（1）学生是否能根据条件画出三角形。 　（2）学生是否在与同伴交流、比较的基础上，通过多次验证、观察、比较，发现规律。 　（3）学生作图是否规范。阐述问题结论时，学生的语言是否规范。 　（4）学生是否能从实际生活中，举出三角形稳定性的例子。	让学生以画图活动为主线展开探究活动，从实践中获取"SSS"条件，印象深刻。 　通过合作、交流、探索、实验，得到判断两个三角形全等的方法"边边边"，同时体会分析问题的一种方法，积累数学活动经验。 　培养基本的尺规作图的能力。 　培养学生合情合理的逻辑推理能力、语言表达能力，规范地书写证明过程。培养学生的符号感，体会数学知识的严谨性。 　实现将数学知识在实际生活中的运用，并为后续学习数学增加感性认识。

续 表

教学内容	师生行为	设计意图
活动四： **例1：** 如下图，$\triangle ABC$ 是一个钢架，$AB = AC$，AD 是连接点 A 与 BC 中点 D 的支架，求证：$\triangle ABD \cong \triangle ACD$。 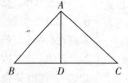 **例2：** 巩固练习 （1）如下图，$AB = AC$，$AE = AD$，$BD = CE$，求证：$\triangle AEB \cong \triangle ADC$。 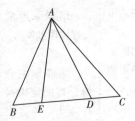 （2）P96 练习。 （3）解决课前提出的制作统一规格的三角形的问题	先让学生独立思考，再互相讨论、交流；然后引导学生分析题设中的已知条件，以及两个三角形全等还需要的条件；最后给出"SSS"条件判断两个三角形全等的过程。 　证明：∵ D 是 BC 的中点， 　∴ $BD = CD$。 　在 $\triangle ABD$ 和 $\triangle ACD$ 中， 　$AB = AC$（已知）， 　$DA = AD$（公共边）， 　$BD = CD$（已证）， 　∴ $\triangle ABD \cong \triangle ADC$（SSS）。 本次活动中，教师应重点关注： （1）学生是否能找出"SSS"所需的条件（公共边 AD、隐含条件等）。 （2）学生应用所学知识的应用意识，对"SSS"条件的理解程度。 （3）学生是否用规范清晰的数学语言来表述证明过程。 （4）学生是否会结合图形、观察图形、已知条件准确地获取"SSS"条件，证明两个三角形全等。 （5）学生学习的积极性、主动性	培养学生的逻辑推理能力、独立思考能力，会用"SSS"判断三角形全等，规范地书写证明过程。 　在获得题目中给出的已知条件不足的情况下，挖掘图形中的隐含条件。目的在于培养学生的发现、观察能力
活动五： 　1. 通过本节课的学习，判断两个三角形全等有哪些方法？ 　2. 从本节课的学习中你有哪些收获？ 　3. 布置作业： 　教科书 103 页习题 13.2 第 1 题，第 2 题	教师以问题的形式提出，让学生归纳、总结所学知识，进行自我评价，自我总结。 　把 103 页习题 13.2 第 1 题，第 2 题写在作业本上，教师检查、批改。 本次活动中，教师应重点关注： （1）鼓励学生认真总结，不要流于形式。 （2）不同的学生对学习过程的反思，对知识的理解程度，有针对性的给予指导。 （3）对学生做的作业及时批改及时反馈，并给予评价	通过回忆本节课所学的内容，从知识、技能、数学思考等方面加以归纳，有利于学生掌握和运用知识

四、教学反思

1. 教学的成功体验

《课程标准》明确指出："有效的数学活动不能单纯地依赖于模仿与记忆，学生学习数学的重要方式是动手实践、自主探索与合作交流，以促进学生自主、全面、可持续发展。"数学教学是数学活动的教学，是师生之间、生生之间相互交往、积极互动、共同发展的过程，是"沟通"与"合作"的过程。本节课我结合学生感兴趣的话题（北京申奥成功的激动场面）自然地引入课题，让学生亲身体验到数学知识来源于实践，从而激发学生的学习积极性。为学生提供了大量的操作、思考和交流的学习机会，通过"画图—观察—操作—交流"发现"边边边"定理。其中设计了一系列的小问题，层层深入，让学生逐步体会数学知识的产生、形成、发展与应用的过程。通过引导学生在具体操作活动中进行独立思考，注重学生在学习过程中的自主体验。教学过程中教师给学生留出了充分的活动时间和想象空间，鼓励每位学生动手、动口、动脑，积极参与到活动和实践中来。教学中将操作实验、自主探索、合作交流、积极思考等学习方式贯穿于数学学习的始终，体现了新课程倡导的自主、合作、探究的学习方式。

2. 信息技术与学科的整合

在信息社会，信息技术与课程的整合必将带来教育者的深刻变化。我充分地利用多媒体教学，为学生创设了生动、直观的现实情境，具有强烈的吸引力，能激发学生的学习欲望。心理学研究表明：运动的图形比静止的图形更能引起学生的注意力。在传统教学中，用笔、尺和圆规在纸上或黑板上画出的图形都是静止图形，同时图形一旦画出就被固定下来，也就失去了一般性，所以其中的数学规律也被掩盖了，呈现给学生的数学知识也只能停留在感性认识上。本节课我通过 Flash 动画演示结果和作图过程以及两个三角形全等的重合过程，真正体现数学规律的应用价值。把呈现给学生的数学知识从感性认识提升到理性认识，实现质的飞跃。

3. 存在的问题

这节课因为学生的学习活动安排比较多，可能造成忙而乱的场面，教师必须准备到位，操作有序，收放自如。在教学中出现学生用自己的语言描述图形的特征或推理证明，出现了语言不够准确简练、描述不够完整细致的情况时，教师不要操之过急，更不能代替学生，要把主动权交给学生，教师只能加以引导、鼓励学生。在操作过程中，可能有一部分学生出现畏惧困难，缺乏自信心，教师要善于抓住学生的闪光点，及时采取激励性评价，提高学生学习的积极性。

（文章已发表在《中国多媒体教学学报》）

数形结合　出奇制胜

遵义市第十一中学　张普纲

"数（代数）"与"形（几何）"是初中数学主要的研究对象。而在实际的数学应用过程中，如果我们单纯地用数来解决问题，就会缺乏相应的直观性；如果我们单纯地用形来解决问题，就会缺乏相应的严密性。所以针对"数（代数）"与"形（几何）"之间的联系，它们既相互独立，又相互渗透，将数量间的精确刻画与空间形式的直观形象巧妙地结合在一起，并充分利用这种关系，寻找解题思路，使问题化难为易、化繁为简，从而得到解决。

一、由"形"助"数"

根据"数"的结构特征，构造出与之相适应的几何图形，并利用图形的特征性质和规律，解决"数"的问题。

例1：已知正实数 x，求 $y = \sqrt{x^2 + 4} + \sqrt{(2-x)^2 + 1}$ 的最小值。

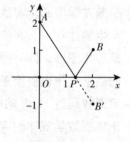

图 5-1-26

分析：可以把 $y = \sqrt{x^2 + 4} + \sqrt{(2-x)^2 + 1}$ 整理为 $\sqrt{(x-0)^2 + (0-2)^2} + \sqrt{(x-2)^2 + (0-1)^2}$，即把 y 的值看作是坐标系中一动点 $P(x, 0)$ 到两点 $(0, 2)$ 和 $(2, 1)$ 的距离之和，于是该数学问题就转化为几何问题当中的最短距离问题，如图 5-1-26 所示。

解：$y = \sqrt{(x-0)^2 + (0-2)^2} + \sqrt{(x-2)^2 + (0-1)^2}$，

令 $P(x, 0)$，$A(0, 2)$ 和 $B(2, 1)$，则 $y = PA + PB$，作 B 点关于 x 轴的对称点 B'，则 y 的最小值为 $AB' = \sqrt{3^2 + 2^2} = \sqrt{13}$。

评价：根据题目的已知条件和结论，挖掘其内在联系。联想平面内两点间的距离公式，利用平面直角坐标系将代数表达式赋予几何意义，构造几何图形。

然后"化曲为直",利用最短路径的方法解决问题。若本题运用换元法、微积分求解,计算量太大,学生在演算的过程中容易解错(并且初中学生没有学习过微积分)。运用几何法解决问题,可以充分调动学生的学习兴趣,激发学生的创造性思维。

习题:已知 a,b 均为正数,且 $a+b=2$。求 $\sqrt{a^2+4}+\sqrt{b^2+1}$ 的最小值。

例 2:在等腰 $\triangle ABC$ 中,$AB=AC=5$,$BC=6$,P 是底边上任意一点,求 P 到两腰的距离的和。

分析:法一,利用等积法证明。过点 P 分别作 AB,AC 边上的高 h_1,h_2,则 $S_{\triangle ABC}=S_{\triangle ABP}+S_{\triangle ACP}$,易知 $S_{\triangle ABC}=\frac{1}{2}\times6\times4=12$。即 $\frac{1}{2}AB\cdot h_1+\frac{1}{2}AC\cdot h_2=12$,所以 $h_1+h_2=\frac{24}{5}$,解题过程略。

法二,根据题意,作出几何图形。结合等腰三角形的性质——"三线合一"拓展思维,以等腰 $\triangle ABC$ 的底边上的高和底边建立平面直角坐标系,将几何问题转化成点到直线的距离问题。点 M(x_1,y_1)到直线 l:$Ax+By+C=0$ 的距离 $d=\dfrac{|Ax_1+By_1+C|}{\sqrt{A^2+B^2}}$。

解:如图 5-1-27 所示,等腰 $\triangle ABC$ 的底边上的高和底边建立平面直角坐标系 xOy,由题意得 A(0,4),B(-3,0),C(3,0)。

则:

直线 AB:$y=\frac{4}{3}x+4$;

直线 AC:$y=-\frac{4}{3}x+4$。

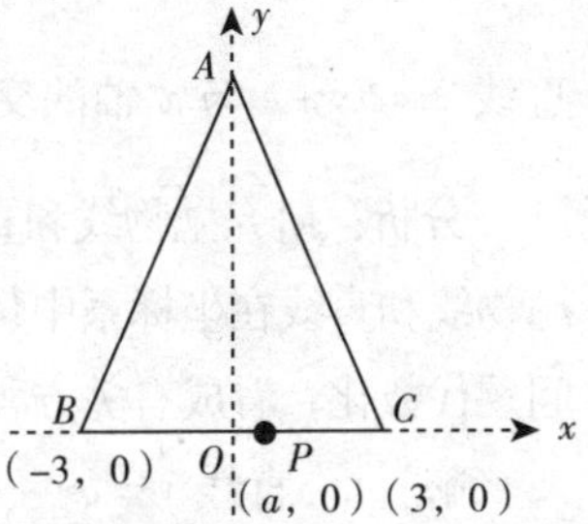

设点 P(a,0)(其中:$-3\leq a\leq3$)是等腰 $\triangle ABC$ 的底边上任意一点,即

图 5-1-27

P(a,0)到直线 AB 的距离:$d_1=\dfrac{\left|-\frac{4}{3}a-4\right|}{\sqrt{\left(\frac{4}{3}\right)^2+1^2}}=\frac{12}{5}+\frac{4}{5}a$;

P(a,0)到直线 AC 的距离:$d_2=\dfrac{\left|\frac{4}{3}a-4\right|}{\sqrt{\left(\frac{4}{3}\right)^2+1^2}}=\frac{12}{5}-\frac{4}{5}a$。

综上所述：

点 P 到两腰的距离的和 $d = d_1 + d_2 = \dfrac{12}{5} + \dfrac{4}{5}a + \dfrac{12}{5} - \dfrac{4}{5}a = \dfrac{24}{5}$。

评价： 初中生对海伦公式、任意角的三角函数公式不熟悉，导致用代数式解很复杂、烦琐，学生很难找到等量关系，在此就容易卡住，找不到解题方法。此时，以退为进，联系等腰三角形的性质——"三线合一"扩散思维，构造平面直角坐标系。拨开云雾见月明，使数量关系形象化，根据图形性质和特点解题，让问题的解答简捷直观。

习题： $\triangle ABC$ 中，$\angle C = 90°$，$AB = 10$，$AC = 8$，$BC = 6$，$\triangle ABC$ 内部是否存在一点 O，点 O 到各边的距离相等？_____（填"存在"或"不存在"），若存在，请直接写出这个距离 r 的值，$r = $ _____；若不存在，请说明理由。

二、由"数"助"形"

将图形信息部分或全部转换成代数信息，进而削弱或清除"形"的推理部分，使要解决的"形"的问题转换为数量关系的讨论。

例： 直线 $y = bx + c$ 与抛物线 $y = ax^2$ 相交，两交点的横坐标分别为 x_1，x_2，直线 $y = bx + c$ 与 x 轴的交点的横坐标为 x_3。求证：$\dfrac{1}{x_3} = \dfrac{1}{x_1} + \dfrac{1}{x_2}$。

分析： 研究抛物线和直线相交的相关问题，由于 a，b，c 的符号不确定，导致抛物线和直线在坐标系中位置不确定，问题需要进行分类讨论，比较麻烦。如果将问题代数化，看成有关方程的问题，进行相关的计算，就省去了分类的麻烦。

解： $\because$ 直线 $y = bx + c$ 与 x 轴的交点的横坐标为 x_3，

$\therefore bx_3 + c = 0$，

$\therefore x_3 = -\dfrac{c}{b}$，$\dfrac{1}{x_3} = -\dfrac{b}{c}$。

$\because$ 直线 $y = bx + c$ 与抛物线 $y = ax^2$ 两交点的横坐标分别为 x_1，x_2，

$\therefore x_1$，x_2 为关于 x 的一元二次方程 $ax^2 - bx - c = 0$ 的两个不等实根。

$\therefore x_1 + x_2 = \dfrac{b}{a}$，$x_1 x_2 = -\dfrac{c}{a}$，

$\therefore \dfrac{1}{x_1} + \dfrac{1}{x_2} = \dfrac{x_1 + x_2}{x_1 x_2} = \dfrac{\dfrac{b}{a}}{-\dfrac{c}{a}} = -\dfrac{b}{c}$，

$$\therefore \frac{1}{x_3} = \frac{1}{x_1} + \frac{1}{x_2} \text{。}$$

评价： 利用几何题的有关特征，巧妙构造，利用化归思想，迅速找到解题的路径，让问题化难为易，迎刃而解。这样有助于提高学生学习数学的兴趣和好奇心，从而培养学生的数学思维能力和几何证明能力。

习题： 如图 5 – 1 – 28 所示，$\triangle ABC$ 三边的长分别是 $BC = 17$，$CA = 18$，$AB = 19$，过 $\triangle ABC$ 内的点 P 向 $\triangle ABC$ 的三边分别作垂线 PD，PE，PF（D，E，F 为垂足）。若 $BD + CE + AF = 27$，求：$BD + BF$ 的长。

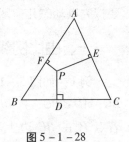

图 5 – 1 – 28

三、关于数形结合解题策略

数形结合解题策略可教会学生基础性的知识，培养学生的思维能力、学习能力和解决生活中实际问题的能力。在教学过程中，渗透数形结合的思想，让学生充分明白利用数形结合解决问题，必须找准二者的契合点，然后根据相应对象的属性，将数与形进行巧妙的结合，并进行相互间的有效转化，有效地解决相应的数学问题。

新颖的数学问题，结合不同解题方法的渗透，引导学生不断探索、拓展思维，可以激发学生学习数学的兴趣，培养学生的转化思想、夹逼思想、化归思想，提高学生分析和解决数学问题的能力。

几何图形中二次函数试题的探究

遵义市第十一中学　罗灿光

二次函数是初中数学的核心知识，动态图形变化中常常伴随着二次函数的性质和运算，是学生学习的重点、难点，其中在中考试题中更是难点中的难点。在平时的学习中，学生已经掌握了几何图形的基本性质、判定，并能运用几何图形的性质、判定作简单的分析和推理；已经掌握了二次函数的表达式、性质，并能熟练运用。

通过二次函数知识解决一些实际问题，但学生对这些动态几何图形、二次函数知识的掌握还是零散的，运用起来还比较机械、单一和肤浅，没有将动态几何图形、二次函数的知识连成线，不会综合运用，不会融会贯通，更没有深刻地理解它们之间的本质与关联。本节课讲解动态几何图形中的二次函数，主要探究以动态几何图形为背景的二次函数问题。

一、由比例线段产生的二次函数关系问题

例 1：如图 5 - 1 - 29 所示，已知梯形 $ABCD$ 中，$AD /\!/ BC$，$AD < BC$，且 $BC = 6$，$AB = DC = 4$，点 E 是 AB 的中点，若点 P 在 BC 边上移动（点 P 与点 B 不重合），且满足 $\angle EPF = \angle C$，PF 交直线 CD 于点 F，同时交直线 AD 于点 M，那么当点 F 在线段 CD 的延长线时，设 $BP = x$，$DF = y$，求 y 关于 x 的函数关系式，并写出函数的定义域。

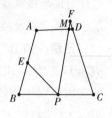

图 5 - 1 - 29

问题 1：图中 $\triangle PEB$ 与 $\triangle FPC$ 相似吗？

分析：在 BP 的长度变化过程中，线段 DF 的长度同时也在变化。因此，可以将 BP，DF（或 CF）分别放在两个相似三角形中进行研究。

因为始终有 $\angle B = \angle C$，所以可以考察 $\triangle PEB$ 与 $\triangle FPC$ 是否具有相似关系。而在 $\triangle FPC$ 中，有 $\angle F + \angle C + \angle FPC = 180°$，又因为 $\angle FPC + \angle EPF + \angle EPB = 180°$，$\angle EPF = \angle C$，所以有 $\angle F = \angle EPB$，因此 $\triangle PEB \backsim \triangle FPC$，则有 $\dfrac{BP}{BE} = \dfrac{CF}{CP}$，即 $\dfrac{x}{2} = \dfrac{y+4}{6-x}$，整理得 $y = -\dfrac{1}{2}x^2 + 3x - 4$。

因为点 F 在 CD 的延长线上，所以 $y > 0$，即 $-\dfrac{1}{2}x^2 + 3x - 4 > 0$，解得 $2 < x < 4$。

学生提问：_____。

评注：这类试题的主要要素是几何图形，因此，解决此类问题时首先要观察几何图形的特征，然后依据相关图形性质（如直角三角形性质、特殊四边形性质、平行线分线段成比例定理及其推论、相似三角形性质、圆基本性质、圆中比例线段等）找出几何元素之间的联系，最后将它们的联系用数学式子表示出来，并整理成函数关系式，在此函数关系式的基础上再来解决其他的问题。解决此类问题时，要特别注意自变量的取值范围。

设计意图：通过图形的变化提出问题，充分发挥学生想象力，拓展学生的思维空间，有助于学生灵活地学习知识，培养学生的数形结合思想。

二、由面积变化产生的二次函数关系问题

例 2：如图 5 - 1 - 30 所示，在 $\triangle ABC$ 中，$\angle A = 90°$，$AB = 4$，$AC = 3$，M

是 AB 上的动点（不与 A，B 两点重合），过 M 点作 $MN \parallel BC$ 交 AC 于点 N，以 MN 为直径作 $\odot O$，并在 $\odot O$ 内作内接矩形 $AMPN$，令 $AM = x$，在动点 M 的运动过程中，记 $\triangle MNP$ 与梯形 $BCNM$ 重合的面积为 y，试求 y 关于 x 的函数，并求当 x 为何值时，y 的值最大？最大值是多少？

问题 2：怎样用 x 的式子表示 AN？

问题 3：点 P 能在线段 BC 的下方吗？

分析：根据重合部分图形形状的不同，分两种情况讨论。当点 P 在 BC 上和 BC 的上方时，$\triangle MNP$ 与梯形 $BCNM$ 重合部分就是 $\triangle MNP$；当点 P 在 BC 的下方时，$\triangle MNP$ 与梯形 $BCNM$ 重合部分就是梯形。

（1）当点 P 落在 BC 上及 BC 的上方时，$\triangle MNP$ 与梯形 $BCNM$ 重合部分就是 $\triangle MNP$，如图 5 - 1 - 31 所示，因为 $MN \parallel BC$，所以 $\triangle AMN \backsim \triangle ABC$，所以，$\dfrac{S_{\triangle AMN}}{S_{\triangle ABC}} = \left(\dfrac{AM}{AB}\right)^2 = \dfrac{x^2}{16}$，$S_{\triangle ABC} = 6$，所以 $S_{\triangle AMN} = \dfrac{3}{8}x^2$，可求得 $y = \dfrac{3}{8}x^2$。当点 P 落在 BC 上时，MN 是 $\triangle ABC$ 的中位线，此时 $x = 2$，所以 x 的取值范围为 $0 < x \leqslant 2$，在这种情况下，当 $x = 2$ 时，y 有最大值 $\dfrac{3}{2}$。

（2）当点 P 落在 BC 的下方时，设 PM 与 BC 交于点 E，PN 与 BC 交于点 F，$\triangle MNP$ 与梯形 $BCNM$ 重合部分就是梯形 $MEFN$，如图 5 - 1 - 32 所示，由问题（1）$S_{\triangle MNP} = \dfrac{3}{8}x^2$，因为 $PN \parallel AM$，$MN \parallel BC$，所以四边形 $MBFN$ 是平行四边形，因此 $PF = PN - NF = AM - BM = x - (4 - x) = 2x - 4$，又因为 $\triangle PEF \backsim \triangle ACB$，所以 $\left(\dfrac{PF}{AB}\right)^2 = \dfrac{S_{\triangle PEF}}{S_{\triangle ABC}}$，因此 $S_{\triangle PEF} = \dfrac{3}{2}(x - 2)^2$。因为 $y = S_{\triangle MNP} - S_{\triangle PEF}$，所以当 $2 < x < 4$ 时，$y = -\dfrac{9}{8}x^2 + 6x - 6 = -\dfrac{9}{8}\left(x - \dfrac{8}{3}\right)^2 + 2$，因此在这种情况下，当 $x = \dfrac{8}{3}$ 时，y 有最大值 $y_{\max} = 2$。

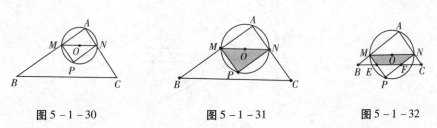

图 5 - 1 - 30   图 5 - 1 - 31   图 5 - 1 - 32

综合以上两种情况，可得当 $x = \dfrac{8}{3}$ 时，y 的值最大，最大值是 2。

学生提问：_____。

评注： 当⊙O 与直线 BC 相切时，不能认为点 M 为 AB 的中点，此时通过作高，利用相似三角形的对应高之比等于相似比求 AM 的长，在求 y 与 x 的函数关系时，要分析点 M 的运动对重叠部分图形的影响，根据图形的不同确定所需讨论的情况，同时通过临界点确定自变量的取值范围，在求重叠部分图形的面积时，利用了相似三角形的面积比等于相似比的平方这一性质，这比直接根据面积公式求面积要简便得多。

设计意图： 引导学生思考，解决此类问题要注意以下两点。①常见图形面积公式；②学会灵活地将非特殊图形的面积转化为特殊图形的面积，将同底（或等高）的三角形的面积之比转化为它们的高或底之比，将相似三角形面积之比转化为相似比（或周长的比、对应边上的高的比、对应边上的中线的比）的平方。

三、由图形的运动产生的二次函数关系问题

例3： 如图 5 - 1 - 33 所示，已知直线 $y = -\frac{1}{2}x + 1$ 交坐标轴于 A，B 两点，以线段 AB 为边向上作正方形 $ABCD$，过 A，B，C 的抛物线 $y = -\frac{5}{6}x^2 + \frac{17}{6}x + 1$ 与直线另一个交点为 E。

（1）若正方形以每秒 $\sqrt{5}$ 个单位长度的速度沿直线 AB 下滑，直至顶点 D 落在 x 轴上时停止，设正方形落在 x 轴下方部分的面积为 S，求 S 关于运行时间 t 的函数关系式，并写出相应的自变量 t 的取值范围。

（2）在（1）的条件下，抛物线与正方形一起平移，同时 D 停止，求抛物线上 C，E 两点间的抛物线弧所扫过的面积。

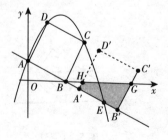

图 5 - 1 - 33

分析： 分三种情况讨论，当 $0 < t \leqslant 1$ 时，正方形落在 x 轴下方部分为直角

三角形；当 $1 < t \leqslant 2$ 时，正方形落在 x 轴下方部分为直角梯形；当 $2 < t \leqslant 3$ 时，正方形落在 x 轴下方部分为五边形，通过临界点定取值范围。

（1）当点 A' 在线段 AB 之间时，如图 5-1-34 所示，正方形落在 x 轴下方部分为 Rt$\triangle BB'G$。当点 A' 运动到 B 时，如图 5-1-35 所示，因为点 A 运动的距离为 $AB = \sqrt{5}$，所以点 A 运动的时间为 $t = 1$，因此正方形落在 x 轴下方的部分为 Rt$\triangle BB'G$ 时，t 的取值范围为 $0 < t \leqslant 1$。观察图形发现点 B 运动的路程为 $BB' = \sqrt{5}t$，而 $\triangle OAB \backsim \triangle B'GB$，所以 $\dfrac{S_{\triangle B'GB}}{S_{\triangle OAB}} = \left(\dfrac{BB'}{OB}\right)^2$，于是 $S = S_{\triangle B'GB} = \left(\dfrac{\sqrt{5}t}{2}\right)^2 \times 1 = \dfrac{5t^2}{4}$。

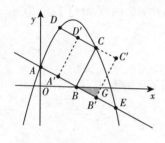

图 5-1-34

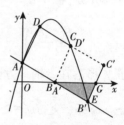

图 5-1-35

（2）当点 A' 在线段 BE 之间时，如图 5-1-33 所示，正方形落在 x 轴下方部分为直角梯形 $A'B'GH$。而当点 A' 运动到点 E 位置时，点 C' 运动到 x 轴上，如图 5-1-36 所示，这时因为 $\triangle OAB \backsim \triangle B'C'B$，$B'C' = AB = \sqrt{5}$，$\dfrac{BB'}{B'C'} = \dfrac{OB}{OA} = \dfrac{2}{1}$，所以 $BB' = 2\sqrt{5}$，因此点 B 运动的时间为 $t = 2$，于是正方形落在 x 轴下方部分为直角梯形 $A'B'HG$ 时，t 的取值范围为 $0 < t \leqslant 2$。观察图形，发现 $\triangle OAB \backsim \triangle B'GB \backsim \triangle A'HB$，同情况（1）的分析，得到 $S_{\triangle B'GB} = \dfrac{5t^2}{4}$，$S_{\triangle A'HB} = \dfrac{1}{4}(\sqrt{5}t - \sqrt{5})^2$，所以直角梯形 $A'B'GH$ 的面积为 $S = S_{\triangle B'GB} - S_{\triangle A'HB} = \dfrac{10t - 5}{4}$。

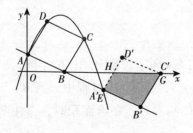

图 5-1-36

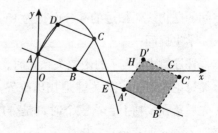

图 5-1-37

（3）当点 A' 处在线段 BE 的延长线上时，如图 5-1-37 所示，正方形落在 x 轴的下方部分为五边形 $A'B'C'GH$。当点 D 落在 x 轴上时，如图 5-1-38 所示，此时，$\triangle BAO \backsim \triangle BD'A'$，$A'D' = \sqrt{5}$，$\dfrac{A'B}{A'D'} = \dfrac{OB}{OA} = \dfrac{2}{1}$，所以可求出 $A'B = 2\sqrt{5}$，因此点 A 运动的路程为 $AA' = 3\sqrt{5}$，点 A 运动的时间为 $t = 3$，于是正方形落在 x 轴下方部分为五边形 $A'B'C'GH$ 时，t 的取值范围为 $2 < t \leqslant 3$。观察图形，发现 $\triangle OAB \backsim \triangle A'HB \backsim D'HG$，而 $A'B = \sqrt{5}t - \sqrt{5}$，所以 $A'H = \dfrac{1}{2}A'B = \dfrac{\sqrt{5}t - \sqrt{5}}{2}$。因此可求出 $D'H = A'D' - A'H = \dfrac{3\sqrt{5} - \sqrt{5}t}{2}$，于是 $\triangle D'HG$ 的面积可表示为 $S_{\triangle D'HG} = \left(\dfrac{D'H}{OA}\right)^2 S_{\triangle OAB} = \left(\dfrac{3\sqrt{5} - \sqrt{5}t}{2}\right)^2$。

所以正方形落在 x 轴下方部分五边形 $A'B'C'GH$ 的面积可表示为

$$S = S_{\text{正方形}A'B'C'D'} - S_{\triangle D'HG} = 5 - \left(\dfrac{3\sqrt{5} - \sqrt{5}t}{2}\right)^2 = -\dfrac{5}{4}t^2 + \dfrac{15}{2}t - \dfrac{25}{4}。$$

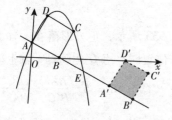

图 5-1-38

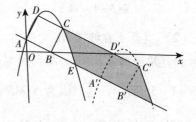

图 5-1-39

（4）C，E 两点间的抛物线弧扫过的部分的面积等于矩形 $BB'C'C$ 的面积。

观察 C，E 两点间的抛物线弧扫过的部分，发现通过割补法，阴影部分即为矩形 $BB'C'C$ 的面积，如图 5-1-39 所示，由上述分析，当顶点 D 落在 x 轴上时，$AA' = BB' = 3\sqrt{5}$，所以矩形 $BB'C'C$ 的面积为 $BB' \times BC = 15$，即 C，E 两点间的抛物线弧扫过的部分面积为 15。

学生提问：_____。

评注：求 S 与 t 的函数关系式时，根据落在 x 轴下方部分图形的不同，确定分类讨论的情况，其关键是找出临界点：正方形在下滑的过程中，点 B'，C'，D' 先后落在 x 轴上，这三个时刻是分段函数的临界点。在求面积时，抓住图形中所有直角三角形的三边之比都是 $1 : 2 : \sqrt{5}$，可方便解题。求抛物线弧所扫过的面积时，由于弧不是直线，可利用图形平移过程中，对应点的连线平行且相等，

所以弧 CE 扫过的面积通过割补成矩形才能计算。

设计意图：引导学生在动态图形中，认真分析图形的变化，要充分发挥学生的主观能动性，在解决图形运动的函数关系时，首先分析整个运动过程，通过找临界点，确定所需讨论的情况及不同情况下自变量的取值范围；其次，针对不同的情况，利用有关的几何性质建立变量之间的关系式；最后，再整理成函数关系式，在建立函数关系式时，常常用到的几何定理有勾股定理、三角形与梯形中位线定理、相似三角形性质定理及几何图形的面积公式等。

动态几何的变化特点：

（1）从形式上：表面上看图形在变化，其基本方法和关系式没有变化，要动中求静，动静结合。

（2）本质特征：在初中重难点知识的交汇处命题，涉及的知识点多、覆盖面广、条件隐蔽、关系复杂、思想难觅、方法灵活，渗透了重要的数学思想与方法，体现了较高的思维拓展能力。

（3）考查了特殊的边角关系，用全等或相似来建立相等的数量关系，在今后的复习中利用边角关系、全等三角形、相似三角形来寻觅数量关系，是我们指导学生解题的一个方向。

初中数学描述型概念课的教学实践与思考

遵义市第十一中学　吴湘花

描述型概念课是初中数学概念课的一种类型。怎样把描述型概念课上得生动有趣，既让学生脱离死记硬背，又能熟练地掌握运用概念解决实际问题的方法，是需要重点研究和思考的问题。

一、创设有针对性、趣味性的教学情境

（一）引言设计应遵循：简洁性、必要性、自然性、趣味性

1. 简洁性

例：复习提问：一个正方形的面积为 81，它的边长是多少？你是怎么算出来的？若面积为 5，它的边长是多少呢？我们应该怎么算？带着这个问题我们来学习今天的内容——平方根。

2. 必要性

例：同学们，我们回忆一下小学学过的数：表示物体的个数用自然数 1，2，3…表示；一个物体也没有，就用自然数 0 表示；测量和计算有时不能得到整数的结果时就用分数。日常生活中表示零下几摄氏度、加工误差、银行储蓄中的支出、体重的变化等等，用小学学过的数已经不够用了，这就需要进行数域的扩充，有没有新的表示数的方法呢？这就是我们今天要学习的内容——负数。

3. 自然性（必然性）

为什么要引入这个概念？

没有这个概念行不行？

这个概念是用来解决什么问题的？

例：通过前面的学习，我们知道，平行四边形的对边相等、对角相等、对角线互相平分。反过来，对边相等，或对角相等，或对角线互相平分的四边形是平行四边形吗？我们今天就来学习一下平行四边形的判定。

（二）创设情境引入具体策略

（1）创设故事情境，引出概念。

（2）创设实验情境，形象引出概念。

（3）创设中小学数学教学的衔接，类比引入新概念。

（4）联系生活实际，实例引入新概念。

（5）巧设问题，在问题情境中引出新概念。

（6）在悬念情境中引出新课。

二、设计层层递进的问题串，激发学生的逻辑思维能力

设计一个好的问题情境还要特别注意：①要深入了解学生真实的思维活动；②要努力帮助学生获得必要的经验和预备知识；③要善于引起学生认知观念上的不平衡；④要充分注意学生在认知方面的差异性；⑤切记要回避"负数学情境化"。

例：1.2.2 数轴

问题 1：在一条东西向的马路上，有一个汽车站牌，汽车站牌往东 3 m 和 7.5 m 处分别有一棵柳树和一棵杨树，汽车站牌往西 3 m 和 4.8 m 处分别有一棵槐树和一根电线杆，试画图表示这一情境。

师生活动：学生小组讨论解决问题的方法，学生代表画图演示。

学生画图后提问：

（1）马路可以用什么几何图形表示？（直线）

（2）你认为站牌起什么作用？（基准点）

（3）你是怎么确定问题中各物体的位置的？（方向，与站牌的距离）

这是实际问题的第一次数学抽象。

问题 2：上面的问题中，"东"与"西"、"左"与"右"都具有相反意义。我们知道，正数和负数可以表示两种具有相反意义的量，那么如何用数表示这些树、电线杆与汽车站牌的相对位置呢？

追问："0"代表什么？（基点）数的符号的实际意义是什么？（方向）

问题 3：大家都见过温度计吧？你能描述一下温度计的结构吗？比较上面的问题，你认为它用了什么数学知识？

师生活动：教师可以先解释 0℃ 的含义（冰水混合物的温度规定为 0℃——温度的基准点）。

问题 4：你能说说上述两个实例的共同点吗？

设计意图：让学生进一步明确"三要素"的意义，体会"用点表示数"和"用数表示点"的思想方法，为定义数轴概念提供进一步的直观基础。

三、师生互动展示，在情境中运用知识

（1）教师要引导学生从定义的重要词句上剖析，找出其内涵和外延。

（2）从结构上进行剖析，建立与原认知结构的联系。

（3）通过反例来剖析概念，建立清晰的认知结构。通过形体、语言、文字等方式在组内或班级内进行展示。

例：1.2.2 数轴

明确数轴的概念，并请学生带着下列问题阅读教科书：

（1）画数轴的步骤是什么？

（2）根据上述实例的经验，"原点"起什么作用？（"原点"是数轴的"基准"，表示 0，是表示正数和负数的分界点）

（3）你是怎么理解"选取适当的长度为单位长度"的？（与问题的需要相关，表示较大的数，单位长度应取小一些）

四、注重运用，启发学生学习的主动性与创造性

（1）采用复述概念或根据概念填空；运用概念进行判断；运用概念进行推理等方式进行复习巩固，达到学以致用的目的。

（2）遵循出示例题→分析理解题意 →师生互动→尝试解题→规范步骤 →迁移拓展→课堂生成练习的教学流程。

（3）运用概念应注意：①练习的目的要明确，针对性要强 ，不要做机械重复的练习；②设置基础练习、拓展练习、综合性练习等不同层次的练习题，使不同层次的学生都能找到学习的成就感；③要注意引导学生形成概念系统。

五、重视小结，使学生养成归纳总结的习惯

课堂小结应从知识体系、方法体系、应用体系三个方面去归纳。

例：1.2.2 数轴

结合下列问题回顾本节课所学的主要内容：

（1）本节课学了哪些主要内容？

（2）数轴的"三要素"各指什么？它们各起什么作用？

（3）你能举出引入数轴概念的一个好处吗？

概念教学课需要教师通过创设情境，生动恰当地引入概念；以层层递进的问题串的设计激发学生思考，引导学生自主探究，充分调动学生的创造性思维；通过小组合作、学生展示等方式力求使学生达到能准确细致地讲清概念的效果；设置不同层次的练习题使不同层次的学生都能实现学习目标，并在灵活运用中巩固概念；利用课堂小结构，从知识、方法、应用三个层面构建概念体系。

一节数学概念探究课的教学设计与反思

遵义市第十一中学　余 琼

《课程标准》中指出："数学教学是数学活动的教学，是师生之间、学生之间交往互动与共同发展的过程。数学教学应从学生的实际出发，创设有助于学生学习的问题情境，引导学生通过实践、思考、探索、交流获得知识，形成技能发展思维，学会学习，促使学生在教师的指导下生动活泼地、主动地、富有个性地学习。"数学概念教学在数学课教学中占有很大的比例，是一种重要的课型。本人有幸参与贵州省教科院规划课题《初中数学探究式课堂教学模式》的研究，自课题开展以来，如何在探究式课堂教学中上好概念课，本人结合教学实践，谈谈自己的做法，供大家交流讨论。

一、数据的集中趋势教学设计

活动一：出示"探究问题"引导学生探究

问题 1：一家公司打算招聘一名英文翻译，对甲、乙两名候选人进行听、说、读、写的英语水平测试，他们各项的成绩（百分制）见表 5 – 1 – 1：

表 5 – 1 – 1

应试者	听	说	读	写
甲	85	78	85	73
乙	73	80	82	83

如果这家公司想招一名综合能力较强的翻译，该录用谁？录用的依据是什么？

问题 2：如果这家公司想招一名笔试能力较强的翻译，能否同等看待听、说、读、写的成绩？如果听、说、读、写成绩按照 2:1:3:4 的比重确定，应该录取谁？

（1）用算术平均数解决问题 2 合理吗？为什么？

（2）"听、说、读、写成绩按照 2:1:3:4 的比重确定"说明在计算平均数中比较侧重哪些成绩？

（3）如何在计算平均数时体现听、说、读、写的差别？

设计意图：在教师的引导下，学生自主探究的基础上，学生通过合作交流明确，利用算术平均数解决问题 1，对于问题 2 利用算术平均数解决问题不合理，让学生在已有知识的基础上发生认知冲突，为本节课的加权平均数做好铺垫。同时也让学生初步感受到"权"对平均数的影响，从实际问题情境中认识加权平均数，初步理解权的意义。

活动二：教师在学生自主探究、展示、评价的基础上，归纳、概括形成数学概念

问题 3：在问题 2 中，各个数据的重要程度不同（权不同），这种计算平均数的方法能否推广到一般？

若 n 个数据 X_1，X_2，$\cdots$，X_n 的权分别为 W_1，W_2，$\cdots$，W_n，这 n 个数据平均数该如何计算？

设计意图：通过对该问题的探究，让学生观察、思考并发现这些问题的本质特征或共同特点，使新知识与原有知识的矛盾（认知冲突）、新概念与原概念的区别与联系以及概念的外延，达成共识，形成概念。

活动三：再次质疑、辨析数学概念

问题4：上海市2015年年人均可支配收入49867元，遵义市2015年城镇居民可支配收入分层情况见表5－1－2：

表5－1－2

层次	高	中	低
年收入	16	5	1

（1）请计算遵义市2015年城镇居民平均可支配收入，与上海进行比较，哪个层次的人均可支配收入高？

（2）遵义市2015年城镇居民收入层次（高、中、低）人数的比为1∶9∶24，请再次计算遵义市2015年城镇居民平均可支配收入。

（3）两个平均数，哪一个更能反映真实的年平均可支配收入。

设计意图：通过实际生活中的实例，让学生再次感受"权"对平均数的影响，体会知识于来源生活，又为生活服务。

活动四：巩固应用、解决问题

练习1：某公司欲招聘一名公关人员，对甲、乙两位应试者进行了面试与笔试，他们的成绩（百分制）见表5－1－3：

表5－1－3

应试者	面试	笔试
甲	86	90
乙	92	83

（1）如果公司认为面试和笔试同等重要，从他们的成绩看，谁将被录取？

（2）如果公司认为作为公关人员面试成绩比笔试成绩更重要，并分别赋予它们6和4的权计算甲、乙两人各自的平均成绩，谁将被录取？

活动五：深化拓展、灵活运用

练习2：某公司欲招聘职员一名，对A、B、C三名候选人进行了三项素质测试，他们的各项测试成绩见表5－1－4：

表 5 - 1 - 4

应试者	测试成绩		
	创新能力	计算机能力	公关能力
A	72	50	88
B	85	74	45
C	67	70	67

（1）公司为网络维护员、客户经理、创作总监这三个岗位各招聘一名职员，给三项成绩赋予相同的权合理吗？

（2）请你设计合理的权重，为公司招聘一名职员。

活动六：课堂小结

当一组数据中各个数据重要程度不同时，什么能更好地反映这组数据的平均水平？

（1）权的作用是什么？

（2）权的表现形式有哪些？

活动七：目标检测

（1）某次歌咏比赛中，选手小明的唱功、音乐常识、综合知识成绩分别为88分、81分、85分，若这三项按 4∶3∶2 的比计算比赛成绩，则唱功、音乐常识、综合知识成绩的权分别为_____，_____和_____，小明的最后成绩是_____分。

（2）某班共有 50 名学生，平均身高 168 cm，其中 30 名男生的平均身高为170 cm，则 20 名女生的平均身高为_____ cm。

（3）某食堂午餐供应 10 元、16 元和 20 元三种价格的盒饭，根据食堂某月销售午餐盒饭的统计图，可计算出该月食堂销售午餐盒饭的平均价格是_____元。

（4）2015 年 6 月 1 日小明所在的班级为"七一"工程捐款，他统计了全班同学的捐款情况，并绘制成如图 5 - 1 - 40 所示的统计图。根据统计图，可计算出全班同学平均每人捐款_____元。

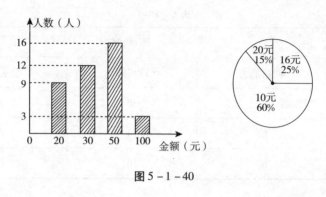

图 5 - 1 - 40

表 5 - 1 - 5

成绩（分）	50	60	70	80	90	100
人数（人）	2	5	7			3

（5）上表是 8 年级某班 30 名学生期末考试数学成绩表（已破损），已知该班学生期末考试数学成绩平均分是 76 分，则该班 80 分和 90 分的人数分别是多少？

二、教学反思

1. 改变了传统的以课本为主教师讲授为主的教学模式

传统教学模式往往以教师为中心，教师通过讲授把教学内容传递给学生或者灌输给学生。教师主宰着整个教学过程，学生则处于被动接受知识的地位。本节课教师充分发挥学生在学习过程中的主动性、积极性与创造性，使学生在学习过程中真正成为信息加工的主体和知识的主动建构者，而不是外部刺激的被动接受者和知识灌输的对象。教师则应成为课堂教学的组织者、指导者，学生建构意义的帮助者、促进者，而不是知识的灌输者和课堂的主宰者。

2. "问题引导式"探究，发挥学生的主动性

通过"问题引导式"探究，发挥学生的主动性，促使学生在教师的指导下主动地学习、富有个性地学习。

探究式课堂教学是激发学生学习的主动性、积极性，培养学生的创新能力和提高综合素质的重要教学方式。本节课是在教师的引导下，通过问题的形式，以学生自主探究和合作交流为前提，以现行教材为基本的探究内容，以学生围绕世界和生活中的实际例子为参照对象，为学生提供了自由质疑、探究、讨论问题的机会，使学生提升了解决问题、分析问题的能力。

3. 探究式课堂教学既是一种学习方式，也是一种学习过程

探究式课堂教学既是一种学习方式，也是一种学习过程，如何上好探究课，对提高课堂实效至关重要。本人认为，上好概念探究课要具备：①创设情境问题，引导学生提出问题或是提出问题引导学生探究；②引导学生对问题提出质疑、猜想或假设；③在学生已有认知基础上引导学生获得针对质疑、猜想或假设的有关信息；④运用获得的信息建立数学模型；⑤对模型进行分析、讨论、思考，对问题做出解答；⑥运用知识分析，解释实际问题，拓展总结认识达到知识的再升华。

总之，如何上好探究课，提高课堂教学实效，使教学过程更好地贯穿探究式模式，更大程度地发挥其作用，其中还有很多值得探讨和学习的问题，在今后教学中要不断摸索和反思，在教学实践中要进一步完善。

基于探究式课堂教学下的二次函数命题策略与研究

遵义市第十一中学　邹　磊

中考压轴题的主要意图是考查学生综合运用知识的能力，其思维难度高、综合性强、知识点多、条件隐蔽、关系复杂、思路难觅、解法灵活。数学中考中，尤其是二次函数压轴题往往作为考试的一个重要考查点，考查学生数学综合应用能力。笔者以 2012 年扬州市中考原题为题干进行一题多变的命题形式，对二次函数常考的题型进行研究。

【2012 年扬州市中考原题题干】如图 5 - 1 - 41 所示，抛物线 $y = ax^2 + bx + c$ 经过 A（-1，0），B（3，0），C（0，3）三点。

命题类型一：求二次函数的解析式及对称轴或点的坐标

（1）求抛物线的解析式及顶点坐标。

解：抛物线与 x 轴交于 A（-1，0），B（3，0）两点，

设 $y = a$（$x+1$）（$x-3$），代入点 C（0，3），

得 $-3a = 3$。解得 $a = -1$。

所以抛物线的函数关系式是 $y = -x^2 + 2x + 3$，顶点为（1，4）。

评析： 此问设置简单，大多数是求点的坐标、函数的关系式、对称轴。

命题类型二：求线段和的最小值或三角形周长的最小值

（2）设点 P 是直线 l 上的一个动点，当△PAC 的周长最小时，求点 P 的

坐标。

解：如图 5 - 1 - 42 所示，抛物线的对称轴是直线 $x = 1$。当点 P 落在线段 BC 上时，$PA + PC$ 最小，此时 $\triangle PAC$ 的周长最小。设抛物线的对称轴与 x 轴的交点为 H。由 $\dfrac{BH}{BO} = \dfrac{PH}{CO}$，$BO = CO$，得 $PH = BH = 2$。所以点 P 的坐标为（1，2）。

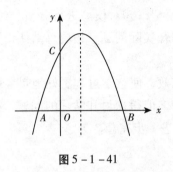

图 5 - 1 - 41   图 5 - 1 - 42

评析： 求线段和（两点同侧）的最小值，本质就是作其中一点的对称点与另一点的连线，得出问题的解。

命题类型三：构造角相等

（3）过点 C 作 $CD /\!/ x$ 轴交抛物线于点 D（第一象限），问抛物线上是否存在一点 P，使 $\angle DBP = \angle CBO$，若存在，求出点 P 的坐标；若不存在，请说明理由。

解：如图 5 - 1 - 43 所示，假设存在一点 P，$BO = CO = 4$，则 $\angle CBO = 45°$，要 使 $\angle DBP = \angle CBO$，则 $\angle DBP = 45°$，则 $\angle CBD = \angle PBO$，

易知 D（2，3），过点 D 作 $DF \perp BC$ 于 F，根据勾股定理，

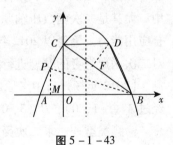

图 5 - 1 - 43

$CF = DF = \sqrt{2}$，则 $BF = 2\sqrt{2}$，$\tan \angle DBF = \dfrac{1}{2}$，

过点 P 作 $PM \perp x$ 轴，

所以，$\tan \angle PBM = \tan \angle DBF = \dfrac{1}{2}$。

设 $PM = m$，则 $BM = 2m$，则 P（$3 - 2m$，m），因为点 P 在抛物线上，

所以，$m = -(3 - 2m)^2 + 2(3 - 2m) + 3$，解得 $m = \dfrac{7}{4}$，

故存在点 $P\left(-\dfrac{1}{2}, \dfrac{7}{4}\right)$。

评析： 抓住特殊图形的特征（$\angle CBO = 45°$），构造 $\angle CBD = \angle PBO$ 是此题解决的关键。通常是借助三角形相似或三角函数建立方程求解，由方程的解确定 P 的存在性。

命题类型四：构造等腰三角形

（4）在直线 l 上是否存在点 M，使 $\triangle MAC$ 为等腰三角形，若存在，直接写出所有符合条件的点 M 的坐标；若不存在，请说明理由。

解： 设点 M 的坐标为（1，m）。

在 $\triangle MAC$ 中，$AC^2 = 10$，$MC^2 = 1 + (m-3)^2$，$MA^2 = 4 + m^2$。

① 如图 5-1-44 所示，当 $MA = MC$ 时，$MA^2 = MC^2$。解方程 $4 + m^2 = 1 + (m-3)^2$，得 $m = 1$。

此时点 M 的坐标为（1，1）。

② 如图 5-1-45 所示，当 $AM = AC$ 时，$AM^2 = AC^2$。解方程 $4 + m^2 = 10$，得 $m = \pm\sqrt{6}$。

此时点 M 的坐标为（1，$\sqrt{6}$）或（1，$-\sqrt{6}$）。

③ 如图 5-1-46 所示，当 $CM = CA$ 时，$CM^2 = CA^2$。解方程 $1 + (m-3)^2 = 10$，得 $m = 0$ 或 6。

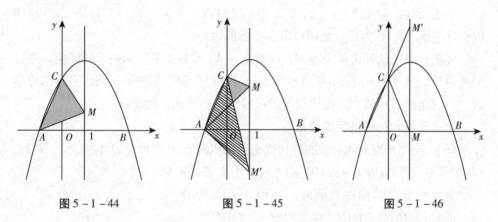

图 5-1-44   图 5-1-45   图 5-1-46

当 M（1，6）时，M，A，C 三点共线，所以此时符合条件的点 M 的坐标为（1，0）。

评析： 用代数法探求等腰三角形分三步。第一步，先分类，按腰相等分三种情况，①$AM = MC$，②$AM = AC$，③$CM = CA$；第二步，利用勾股定理建立方程；第三步，解方程，得出答案。考查的数学思想方法有方程思想和分类讨论思想。

命题类型五：构造平行四边形

（5）点 M 是 x 轴上一个动点，过 M 作直线 $l // AC$ 交抛物线于点 Q，试探究：随着 P 点的运动，在抛物线上是否存在点 Q，使以点 A，M，Q，C 为顶点的四边形是平行四边形？若存在，请求出符合条件的点 Q 的坐标；若不存在，请说明理由。

解：假设存在点 Q，如图 5-1-47 所示，$y_Q = y_C = 3$，把 $y = 3$ 代入 $y = -x^2 + 2x + 3$，解得 $x = 0$（舍去），或 $x = 2$，故 Q_1 $(2, 3)$。

如图 5-1-48，$y_Q = -y_C = -3$，把 $y = -3$ 代入 $y = -x^2 + 2x + 3$，解得 $x = 1 \pm \sqrt{7}$。

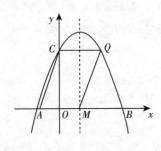

图 5-1-47

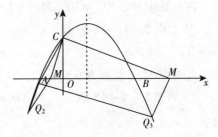

图 5-1-48

故 Q_2 $(1 - \sqrt{7}, -3)$，Q_3 $(1 + \sqrt{7}, -3)$。

综上所述，存在点 Q_1 $(2, 3)$，Q_2 $(1 - \sqrt{7}, -3)$，Q_3 $(1 + \sqrt{7}, -3)$ 使以点 A，M，Q，C 为顶点的四边形是平行四边形。

评析： 对于这种由两个点 M，Q 和定点 A，C 构造平行四边形的问题，进行分类讨论，从 AM 为边或 AM 是对角线进行讨论，利用全等的知识或平行四边形对点到对角线的距离相等得出相等的线段，进而求出点的坐标。

命题类型六：构造相似三角形

（6）若点 P 为 x 轴上方的抛物线上一动点（点 P 与顶点 D 不重合），$PQ \perp AD$ 于点 Q，当 $\triangle PDQ$ 与 $\triangle ADH$ 相似时，求 P 点的坐标。

解：当 P 在对称轴右侧时，如图 5-1-49 所示，此时 $\triangle PDQ \backsim \triangle DAH$，得 $\angle PDQ = \angle DAH$。

连接 DP 交 x 轴于点 E，设 E $(m, 0)$，

则 $AE = DE$，$AE^2 = DE^2$。

即 $(m + 1)^2 = (m - 1)^2 + 4^2$，

解得 $m = 4$，即 E $(4, 0)$。

设直线 DE 的解析式为 $y = kx + b$，把 D $(1, 4)$，E $(4, 0)$ 代入，

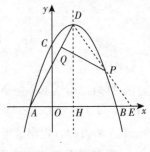

图 5-1-49

解得 $k = -\dfrac{4}{3}$，$b = \dfrac{16}{3}$，DE 的解析式为 $y = -\dfrac{4}{3}x + \dfrac{16}{3}$。

联立方程 $y = -\dfrac{4}{3}x + \dfrac{16}{3}$ 与 $y = -x^2 + 2x + 3$ 建立方程组，

解得 $x = \dfrac{7}{3}$，$y = \dfrac{20}{9}$。故 $P_1 \left(\dfrac{7}{3}, \dfrac{20}{9} \right)$。

当 P 在对称轴左侧时，如图 5-1-50 所示，只
能是 $\triangle PDQ \backsim \triangle ADH$，

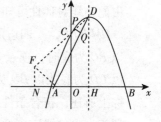

得 $\angle PDQ = \angle ADH$。

过 A 作 DA 的垂线交 PD 于点 F，作 $FN \perp x$ 轴于
点 N。

由 $\triangle DFA \backsim \triangle DAH$，得 $\dfrac{DA}{AF} = \dfrac{DH}{AH} = 2$。

图 5-1-50

由 $\triangle FNA \backsim \triangle ADH$，得 $\dfrac{FN}{AH} = \dfrac{NA}{HD} = \dfrac{AF}{DA} = \dfrac{1}{2}$，即 $AN = 2$，$FN = 1$，

所以 F（-3，1）。

设直线 PF 的解析式为 $y = kx + b$，把点 D（1，4），F（-3，1）代入，

解得 $k = \dfrac{3}{4}$，$b = \dfrac{13}{4}$，DF 的解析式为 $y = \dfrac{3}{4}x + \dfrac{13}{4}$。

联立方程 $y = \dfrac{3}{4}x + \dfrac{13}{4}$ 与 $y = -x^2 + 2x + 3$ 建立方程组，

解得 $x = \dfrac{1}{4}$，$y = \dfrac{55}{16}$。

故 $P_2 \left(\dfrac{1}{4}, \dfrac{55}{16} \right)$。

综上所述，当 $\triangle PDQ$ 与 $\triangle ADH$ 相似时，$P_1 \left(\dfrac{7}{3}, \dfrac{20}{9} \right)$，$P_2 \left(\dfrac{1}{4}, \dfrac{55}{16} \right)$。

评析： 进行分类讨论，当点 P 在对称轴右侧或左侧进行讨论，首先求出直
线 DM 的解析式为 $y = kx + b$，再利用联立两函数解析式即可得出交点坐标。

命题类型七：构造直角梯形

（7）如图 5-1-51 所示，点 D 为抛物线的顶
点，点 M 是抛物线上一点，以 B，C，D，M 为顶点
的四边形是直角梯形，求点 M 的坐标。

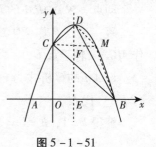

解：由 B（3，0），C（0，3），D（1，4），根
据勾股定理，

图 5-1-51

得 $CB = 3\sqrt{2}$，$CD = \sqrt{2}$，$BD = 2\sqrt{5}$，

$\therefore CB^2 + CD^2 = BD^2 = 20$，$\therefore \angle BCD = 90°$，

设对称轴交 x 轴于点 E，过 C 作 $CM \perp DE$，交抛物线于点 M，

垂足为 F，在 $\text{Rt} \triangle DCF$ 中，

$\because CF = DF = 1$，$\therefore \angle CDF = 45°$，

由抛物线对称性可知，$\angle CDM = 2 \times 45° = 90°$，顶点坐标 M 为（2，3），

$\therefore DM \parallel BC$，$\therefore$ 四边形 $BCDM$ 为直角梯形，由 $\angle BCD = 90°$ 及题意可知，

以 BC 为底时，顶点 M 在抛物线上的直角梯形只有上述一种情况；

以 CD 为底或以 BD 为底，且顶点 M 在抛物线上的直角梯形均不存在。

综上所述，符合条件的点 M 的坐标为（2，3）。

评析： 由勾股定理的逆定理，得出 $\angle BCD = 90°$，然后进行分类讨论即可。

命题类型八：构造等面积问题

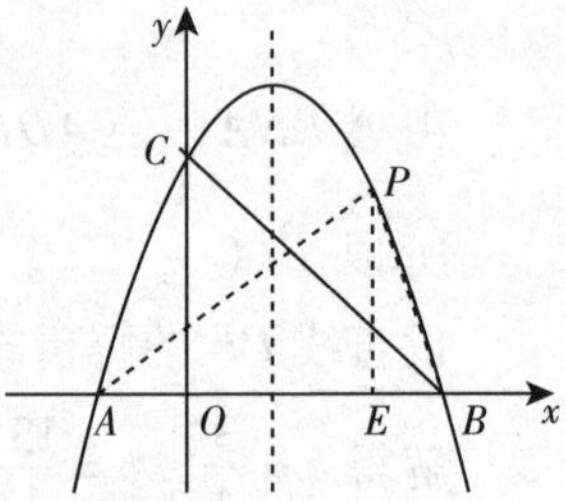

（8）如图 $5-1-52$ 所示，该二次函数图像上有

一点 P（x，y）（其中 $x > 0$，$y > 0$）使 $S_{\triangle ABP} = S_{\triangle ABC}$，

求点 P 的坐标。

解：过点 P 作 $PE \perp AB$，

$\because$ 当 $x = 0$ 时，$y = 3$，$\therefore B$（3，0）。

若 $S_{\triangle ABP} = S_{\triangle ABC}$，

$\because P$（x，y）（其中 $x > 0$，$y > 0$），则可得 $OC = PE = 3$，

$\therefore$ 当 $y = 3$ 时，$-x^2 + 2x + 3 = 3$，解得 $x = 0$ 或 $x = 2$，

$\therefore$ 点 P 的坐标为（2，3）。

图 5 - 1 - 52

评析： 由面积相等，求 P 的坐标，关键是转化为两个三角形是同底边，只需高相等即可求出问题的解。

命题类型九：构造面积最值问题

（9）如图 $5-1-53$ 所示，M（2，3）在抛物线

上，连接 AM，若 P 是抛物线上位于直线 AM 上方的

一个动点，求 $\triangle APM$ 的面积的最大值。

解：过点 P 作 $PQ \perp x$ 轴交 AM 于点 Q，过点 M

作 $MG \perp x$ 轴于点 G，

设 AM 的解析式为 $y = kx + b$，把 A（-1，0），M

（2，3）代入，

解得 $k = 1$，$b = 1$。

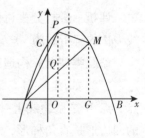

图 5 - 1 - 53

设 Q $(x$, $x+1)$，则 P $(x$, $-x^2+2x+3)$，

$\therefore PQ = (-x^2+2x+3) - (x+1) = -x^2+x+2$。

$$S_{APM} = S_{APQ} + S_{MPQ} = \frac{1}{2} PQ \times AG$$

$$= -\frac{3}{2} \left(x - \frac{1}{2} \right)^2 + \frac{27}{8}。$$

$\because -\frac{3}{2} < 0$，

$\therefore$ 当 $x = \frac{1}{2}$ 时，$\triangle APM$ 的面积取得最大值，最大值为 $\frac{27}{8}$。

评析：一般解决这类问题，通常是把三角形转化为同底边，再寻求高。关键是把 $\triangle APM$ 转化为同底边 PQ，$\triangle APQ$ 和 $\triangle PQM$ 的高的和就是 AG 的长度。建立 S 关于 P 点横坐标的二次函数关系，利用二次函数性质求最值问题。

命题类型十：构造圆相切问题

（10）如图 $5-1-54$ 所示，D 为抛物线的顶点，在抛物线的对称轴上是否存在点 P，使 $\odot P$ 与 x 轴、直线 BD 都相切？若存在，请求出点 P 的坐标；若不存在，请说明理由。

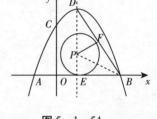

图 $5-1-54$

解：假设存在点 P，作 $\angle OBD$ 的平分线交 DE 于点 P，

$\because D$ $(1$, $4)$ $\therefore P$ 的横坐标为 1，设 P $(1$, $a)$，

易求出直线 BD 的解析式为 $y = -2x + 6$，

则 P 到 x 轴的距离等于 P 到直线 BD 的距离，

则 $|a| = \dfrac{|2 + a - 6|}{\sqrt{2^2 + 1^2}}$，

解得 $a = -1 - \sqrt{5}$ 或 $a = -1 + \sqrt{5}$，

故存在 P_1 $(2$, $-1 - \sqrt{5})$，P_2 $(2$, $-1 + \sqrt{5})$。

评析：有关圆相切问题，通常是通过切线的性质，转化为圆心到两条直线的距离相等的问题，利用点到直线的距离公式即可求出 P 的坐标。

总之，以二次函数为背景，结合几何图形知识，综合考查了学生函数和几何图形知识的综合运用能力。教师复习过程中，按二次函数压轴题不同的类型组题，对每类题型进行比较、归纳、总结、探究，让学生熟悉每一种类型题的命题方向和解题思路。在二次函数压轴题复习的教学中要注重方法、注重培养学生的能力、注重类型的归纳总结、注重考试的技巧指导。要善于总结解数学

题中所隐含的重要数学思想，如转化思想、数形结合思想、分类讨论思想及方程的思想等。认识条件和结论之间的关系、图形的几何特征与数、式的数量和结构特征的关系，确定解题的思路和方法。

（文章发表在《试题研究》2014 年 12 月）

第二节　教学设计篇

单项式的教学设计

遵义市第十一中学　李　军

一、教学目标

（1）理解单项式、单项式的系数和次数的概念。

（2）会用单项式表示简单的数量关系。

（3）在单项式概念的形成过程中，体会抽象的数学思想，提高观察、分析、归纳、概括的能力。

二、教学重、难点

重点：单项式的概念、单项式的系数、次数。

难点：正确区分出单项式，写出单项式的系数和次数。

三、教学活动

环节一：创设情境、提出问题

问题：我们小时候都听过这样一首儿歌"一只青蛙一张嘴，两只眼睛，四条腿，一声扑通跳下水……"请接下去。

n 只青蛙，n 张嘴，$2n$ 只眼睛，$4n$ 条腿，n 声扑通跳下水。

设计意图：通过动画、图片以及问题的设计，让学生经历由数字到字母表示数的过程，感受上节课所学的用字母表示数的作用。

环节二：自主思考、合作探究

问题：观察这些式子，数或字母之间是什么运算呢？

$4x$ 　　　$6a^2$ 　　　sh 　　　$-5a$

都是数或字母的乘积的式子——单项式。

设计意图：改变教材上的提问方式（这些式子有什么共同特征？学生的回

答会五花八门），目的是让提问更具体，更有针对性。

四、形成概念

1. 数或字母的积的式子，叫作单项式

数或字母的积的形式包含有：

（1）数与字母的积，如$4x$；$-x$；x；$\dfrac{ab}{2}$。

（2）字母与字母的积，如：Sh。

（3）数与数的乘积，如3×4。

追问：数或字母的积还有其他的形式吗？

注意：单独的一个数或一个字母也是单项式。

2. 判断（对与错）

（1）x 是单项式。　　　　　　　　　　　　（√）

（2）$\dfrac{a}{2}$ 是单项式 。　　　　　　　　　　（√）

（3）π 是单项式。　　　　　　　　　　　　（√）

（4）$\dfrac{2}{a}$ 是单项式 。　　　　　　　　　　（×）

3. 方法总结

判断单项式的方法：

（1）单独的一个数或一个字母也是单项式。

（2）单项式不含加减运算，单项式只含有乘积运算。

（3）单项式数字因数与字母因数可能是一个或多个。

（4）单项式可以含有除以数的运算，不能含有除以字母的运算。

4. 到生活中去

学校篮球场的长为 a，宽为 15，则篮球场的面积为多少？$15a$ 是单项式吗？周长呢？

5. 解剖单项式

单项式中的数字因数叫作这个单项式的<u>系数</u>。

如：$-3x$ 的系数是_____-3_____，$-ab$ 的系数是_____-1_____，$\dfrac{3ab}{2}$ 的系

数是_____$-\dfrac{3}{2}$_____，一个单项式中的<u>所有字母的指数的和</u>叫作这个单项式的<u>次数</u>。

如：$-3x$ 的次数是_____1_____，ab 的次数是_____2_____。

环节三：练习巩固、演绎提升

例 1： 判断下列说法是否正确：

(1) $-7xy^2$ 的系数是 7。   (×)

(2) $-x^2y^3$ 与 x^3 没有系数。   (×)

(3) $-ab^3c^2$ 的次数是 $0 + 3 + 2$。   (×)

(4) $-a^3$ 的系数是 -1。   (√)

(5) $-3^2x^2y^3$ 的次数是 7。   (×)

(6) $\dfrac{1}{3}\pi r^2$ 的系数是 $\dfrac{1}{3}$。   (×)

注：① π 也是系数的一部分。

    ② 当单项式的系数为 1 或 -1 时，这个"1"应省略不写。

设计意图： 通过观察、对比、讨论等活动，使学生对单项式的相关概念由感性认识上升到理性认识。通过练习，加深学生对新学知识的理解和掌握，突出重点，同时通过多样化的形式，突破难点。

例 2： 用单项式填空，并指出它们的系数和次数。

(1) 每包书有 12 册，n 包书有 ___12n___ 册。

(2) 底边长为 a cm，高为 h cm 的三角形的面积是 $\dfrac{1}{2}ah$ cm²。

(3) 一个长方体的长和宽都是 a，高是 h，它的体积是 ___a^2h___。

(4) 一台电视机原价 a 元，现按原价的 9 折出售，这台电视机现在售价为 ___0.9a___ 元。

(5) 一个长方形的长为 0.9 m，宽是 a m，这个长方形的面积是 ___0.9a___ m²。

归纳： 同样的 $0.9a$ 表示了不同的含义。

追问：你能赋予 $0.9a$ 一个含义吗？（学生的回答只要符合题意，就给予肯定）

环节四：评价反思、应用迁移

(1) 若 $-3x^ay^2$ 是一个五次单项式，你能说出指数 a 是多少吗？

(2) 你能写出一个含有 x，y，而且系数是 -3，次数是 4 的单项式吗？

(3) 若 $(m-2)x^2y^n$ 是关于 x，y 的一个四次单项式，m，n 应满足什么条件？

五、课堂小结及作业

（1）具有什么特征的式子叫单项式？（学会观察、抽象概括）

（2）什么是单项式的系数、次数？（数字因数、所有字母的指数的和）

（3）用适当的式子来表示数量关系，把字母看作数字。比如：儿歌中的 $2n$，$4n$ 等（体现了从特殊到一般的数学思想）。

设计意图：通过能力提升练习再一次加深学生对单项式、单项式的系数、次数概念的理解；通过小结使学生对所学知识有一个完整的认识。

六、教学反思

单项式是整式学习的起点，为此，我在设计中注意了以下几点：

1. 认真研读教材，做到了有备而来

新知识的学习需要一定的知识储备，新知识的学习就是把新知识转化为旧知识，特别是有针对性的知识准备会对新知识的学习起到事半功倍的作用。本节课是学生在掌握学习了用字母来表示数后的内容。因此，我在设计的时候注意到知识的过渡、衔接。特别是需要通过观察、归纳、概括的时候，我把问题细化，从而让学生学起来轻松，老师也就轻松了。

2. 认真理解概念，设置悬念，激发学生的求知欲望

通过用试题检查学生对概念的理解，便于发现问题并及时解决问题。对比：为什么 $\dfrac{a}{2}$ 是单项式，而 $\dfrac{2}{a}$ 不是单项式？激发学生想找到答案的欲望，为后面的教学做好铺垫。

3. 符合学生的认知规律

初中学生感性认识比较强，喜欢凭直观判断问题，所以在课件制作中我加入了一些图片和动画来演示突破教学的难点，符合学生由感性到理性的认知规律。

基于知识转化　探求以题会类

旋转中探究规律的教学设计

遵义第十一中学　邹　磊

一、教学目标

（1）通过训练，让学生通过"观察—思考—探究—猜想"这一系列的活动

逐步找出题目中存在的规律，最后归纳出一般的结论，并能够加以运用。

（2）培养学生的观察、操作及归纳推理的能力。

二、教学重、难点

解决此类问题的关键是仔细审题、合理推测、归纳规律、认真验证，从而得出问题的结论。

三、教学方法

三线四环五型探究式。

四、教学过程

环节一：创设情境、提出问题

问题 1： 如图 $5-2-1$ 所示，正方形 $ABCD$ 的对角线相交于点 O，O 又是正方形 $A_1B_1C_1O$ 的一个顶点，两个正方形的边长相等，两个正方形重叠部分的面积，总等于一个正方形面积的_____。

问题 2： 正方形 $ABCD$ 的对角线相交于点 O，O 又是正方形 $A_1B_1C_1O$ 的一个顶点，两个正方形的边长相等，将正方形 $A_1B_1C_1O$ 绕点 O 旋转，如图 $5-2-2$ 所示，两个正方形重叠部分的面积总等于一个正方形面积的_____，想一想，为什么？

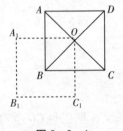

图 $5-2-1$

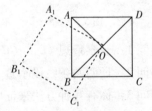

图 $5-2-2$

问题 3： 如图 $5-2-3$ 所示，将正方形 $A_1B_1C_1O$ 换成等腰直角三角形 A_1C_1O，重叠部分的面积是正方形面积的_____。

问题 4： 如图 $5-2-4$ 所示，将正方形 $A_1B_1C_1O$ 换成圆心角是直角的扇形 A_1C_1O，重叠部分的面积是正方形面积的_____。

设计意图： 通过转化思想把图形从特殊位置转到一般位置，不难得出答案，然后改变其中一个正方形的形状，只要它的本质条件不变，将它怎样旋转，结论都存在一定的规律，为下面例题做铺垫。

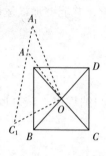

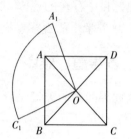

图 5 - 2 - 3   图 5 - 2 - 4

环节二：自主思考、合作探究

例题： 如图 5 - 2 - 5 所示，已知正方形 *ABCD* 的边 *CD* 在正方形 *DEFG* 的边 *DE* 上，连接 *AE*，*GC*。

（1）试猜想 *AE* 与 *GC* 有怎样的位置关系，并证明你的结论。

（2）将正方形 *DEFG* 绕点 *D* 按顺时针方向旋转，使点 *E* 落在 *BC* 边上，如图 5 - 2 - 6 所示，连接 *AE* 和 *GC*，你认为（1）中的结论是否还成立？如成立，给出证明；如不成立，请说明理由。

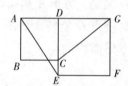

图 5 - 2 - 5   图 5 - 2 - 6

追问 1： 观察猜想 *AE* 与 *GC* 的位置关系？

追问 2： 证明两条线段垂直，你想到了哪些方法？

追问 3： 你有几种方法来证明 *AE* 与 *GC* 垂直？

方法一： 延长 *GC* 交 *AE* 于 *H*，如图 5 - 2 - 7 所示，把证明 *CG* 垂直于 *AE* 转化为证明 *AH* 与 *GH* 垂直，根据垂直定义就是要证明 $\angle GHA = 90°$。

方法二： 如图 5 - 2 - 8 所示，过点 *D* 做 *DM*∥*AE* 交 *EF* 于点 *M*，由 △*ADE* ≌ △*CDG* 得，$\angle AED = \angle 3$，从而 $\angle 3 + \angle 4 = 90°$，转化为证明 *CG* ⊥ *DM*。由 *DM*∥*AE*，即得 *CG* ⊥ *AE*。

方法三： 如图 5 - 2 - 9 所示，过点 *E* 做 *EM*∥*CG* 交 *GF* 于点 *M*，由 △*ADE* ≌ △*CDG* 得 $\angle 1 = \angle 2$，从而得出 $\angle 3 + \angle 4 = 90°$，转化为证明 *AE* ⊥ *EM*。由 *EM*∥*CG*，即得 *CG* ⊥ *AE*。

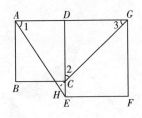
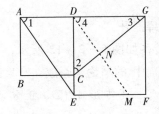
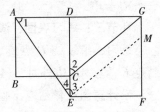

图 5 - 2 - 7　　　　　　图 5 - 2 - 8　　　　　　图 5 - 2 - 9

追问 4：在旋转过程中，引导学生仔细观察（1）中，三角形全等中的哪些量在变？哪些量没有变？学生不难发现 $AD = DC$，$DE = DG$ 没有变，而 $\angle ADE$ 与 $\angle CDG$ 由原来的 90 度变小了，由直角变为锐角，此时还有 $\angle ADE = \angle CDG$ 吗？理由呢？通过层层设问，并给予学生一定的空间和时间，激发学生思考。

引导学生探究：

解法一：如图 5 - 2 - 10 所示，分别延长 GC，AE 交于点 H。

证明：延长 AE 和 GC 相交于点 H，在正方形 $ABCD$ 和正方形 $DEFG$ 中，

$$AD = DC，DE = DG，\angle ADC = \angle DCB = \angle B = \angle BAD = \angle EDG = 90°，$$

$$\therefore \angle 1 = \angle 2 = 90° - \angle 3，\therefore \triangle ADE \cong \triangle CDG，\therefore \angle 5 = \angle 4；$$

$$又 \because \angle 5 + \angle 6 = 90°，\angle 4 + \angle 7 = 180° - \angle DCE = 180° - 90° = 90°，$$

$$\therefore \angle 6 = \angle 7。$$

$$又 \because \angle 6 + \angle AEB = 90°，\angle AEB = \angle CEH，$$

$$\therefore \angle CEH + \angle 7 = 90°，\therefore \angle EHC = 90° \therefore AE \perp GC。$$

解法二：如图 5 - 2 - 11，分别延长 GC，AE 相交于点 H，延长 DE 交 CG 的延长线于 M（证明略）。

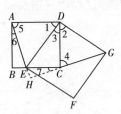
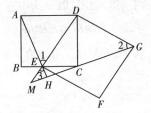

图 5 - 2 - 10　　　　　　　　　图 5 - 2 - 11

设计意图：此环节教学中，由"特殊位置到一般位置"形成的变化背景，探究其中不变性或变化规律，探究图形变化中的不变性与可变性，不变的是正方形的形状及旋转变化后的 $\triangle ADE$ 与 $\triangle CDG$ 始终全等；变化的是 $\angle ADE$ 与 $\angle CDG$ 在变化。体会"变"与"不变"间的关系，这是发现并形成解法的最

191

重要的基础。

环节三：练习巩固、演绎提升

练习：继续绕 D 点旋转，如图 5 - 2 - 12 所示，当点 E 落在 AD 边外时，（1）中的结论是否成立？

设计意图：仔细观察图形，正方形 $ABCD$、正方形 $DEFG$ 分别变成等腰直角 $\triangle ADC$、等腰直角 $\triangle DEG$，但 AD 与 DC、DE 与 DG 始终相等（没有变），$\angle 1$ 与 $\angle 2$ 始终相等，即 $\triangle ADE$ 与 $\triangle CDG$ 始终全等（变化中的不变性）。

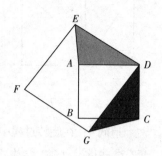

图 5 - 2 - 12

环节四：反思评价、应用迁移

（1）如图 5 - 2 - 13 所示，将正方形 $ABCD$、正方形 $DEFG$ 分别变成等腰直角 $\triangle ADC$、等腰直角 $\triangle DEG$，（1）中的结论是否还成立？

设计意图：让这类试题成为学生巩固知识、发展能力、掌握思想方法的重要渠道，真正实现"明一理"到"通一类"的飞跃，使本节课知识向纵向升华。积极引导学生运用已掌握的数学知识解决实际问题，为学生的能力提升铺路搭桥，实现"一题多解"的教学，培养学生的发散思维。

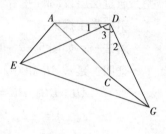

图 5 - 2 - 13

（2）在等腰 $Rt\triangle GEF$ 中，$\angle FEG$ 是直角，将等腰 $Rt\triangle GEF$ 的顶点 G 与正方形 $ABCD$ 的顶点 B 重合，其中两边分别与正方形的对角线 AC 交于 H，R 两点（图 5 - 2 - 14）。

① 将所得 $\triangle ABH$ 以 B 为中心，按逆时针方向旋转得到 $\triangle CBM$（图 5 - 2 - 15），连接 RM，求证：$\triangle BHR \cong \triangle BMR$。

② 若 $AC = 4\sqrt{3}$，$AH:CR = 3:4$，求 HR 的长。

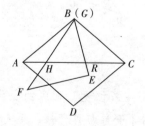

图 5 - 2 - 14

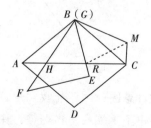

图 5 - 2 - 15

直线、射线、线段的教学设计

遵义市第十一中学　申江旭

一、教学目标

（1）理解直线、射线、线段的概念及它们的区别和联系。

（2）借助具体情境，了解"两点确定一条直线"的事实。

（3）在现实情境中理解直线、射线、线段等简单的图形，并会用字母表示。

（4）理解简单的几何语言，能根据几何图形说出其几何意义。

（5）通过数学活动，让学生体验数学与现实生活的密切联系，培养学生学数学、用数学的意识，增强对数学的好奇心和探究欲。

二、教学重、难点

重点：两点确定一条直线及直线、射线、线段之间的区别，认识简单图形。

难点：直线、射线、线段的表示方法及三种几何语言的转化。

三、教学过程

环节一：创设情境、提出问题

问题1：小学学习了直线、射线、线段，现在你能从三张图片中抽象出什么几何图形？

问题2：通过小学学习，你对直线、射线、线段有哪些认识？

设计意图：学生得出直线、射线、线段的端点，延伸性，度量性，并得到它们之间的区别。本节课进一步学习直线、射线、线段的内容。

环节二：自主思考、合作探究

问题3：首先我们来探究下列问题：

（1）如图5-2-16所示过一点 O 可以画几条直线？

学生动笔画一画，展示学生所画图形。请学生回答他所画的结果，得到过一点可画无数条直线。

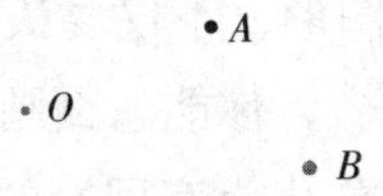

图 5-2-16

追问1：过一个点可以画无数条直线，那经过两个点呢？经过两点 A，B 可以画直线吗？可以画几条？

之前我们就说过两点能画直线，并且只能画一条直线。从而得到直线的性质：两点确定一条直线。

追问2：我们用一个大写字母表示一个点，因为两点确定一条直线，所以我们用两个大写字母表示直线 AB，那可以表示成直线 BA 吗？

设计意图： 得到直线的第一种表示方法，两个大写字母表示一条直线。

追问3：为了表示简便，还可以用一个小写字母来表示直线，所以得到直线的另一种表示方式。

设计意图： 得到直线的另一种表示方法，学生可能存在表示不出来的情况，直接让学生得到表示直线的第二种方法。

归纳： 直线的两种表示方法，一种是用两个大写字母表示，另一种是用一个小写字母表示。

环节三：练习巩固、演绎提升

问题4：射线、线段表示方法。

观看动图演示可得到直线与射线、线段之间的联系，线段、射线是直线的一部分。

追问1：射线都是直线的一部分，类比直线的表示方法，能表示射线吗？

追问2："一条射线可以记为射线 AB，也可以记为射线 BA"，对吗？

设计意图： 类比得到射线和线段的表示方法，培养学生几何语言能力，并强调射线端点的不可替性。

追问3：在上面写一个字母 a 呢？

再观察动画，去掉直线的右边一部分，我们得到线段，所以线段也是直线的一部分，类比线段的表示方法呢？

追问4：线段 AB 也可以记为 BA，对吗？

追问5：同学们，我们由直线得到射线、线段，能不能由线段得到射线、直线呢？

延长线段 AB 得到射线 AB，再反向延长线段 AB 得到直线 AB 或 BA。一般情况下，用虚线表示延长线。

判断：

问题5：在数学里面学习了图形，不仅要认识，还要学习图形之间的关系。

（2）画一个点 N 与一条直线 l，你能怎么画（图 5 - 2 - 17）？

由学生回答，老师纠错并对学生没有回答的情况讲解。

点与直线的位置关系：

点在直线上（直线经过点）；

点不在直线上（直线不经过点）。

追问1：可以过点 N 作直线与直线 l 相交吗？

结论：当两条不同的直线有一个公共点时，我们就称这两条直线相交，这个公共点叫作它们的交点。

设计意图：发挥学生主体作用，使学生掌握点与直线的位置关系，直线与直线相交的概念，学习图形语言、符号语言、文字语言之间的转化，培养学生的几何语言能力。

追问2：再过 N 作与直线 l 的另一个交点，能得到几条直线？

追问3：过平面内三点只能作三条直线吗？还有没有其他情况？

追问4：三点在一条直线上可作一条直线，那这条直线上可找出几条线段呢？

图 5 - 2 - 17

环节四：反思评价、应用迁移

小结（图 5 - 2 - 18）：

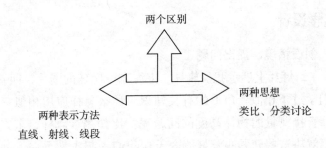

图 5 - 2 - 18

从重庆到贵阳的动车 D1781，中途停靠綦江、桐梓、遵义三个站点，根据你所学的知识，从重庆到贵阳需要制定多少种不同的票价？

四、教学反思

本节课是学习直线、射线、线段的第一课时，是本章的基础。本节课的设计旨在让学生经历通过探究、猜测、验证，得出直线、射线和线段有关知识的过程。类比探究法作为主要方法贯穿于整个课堂教学之中，让学生充分进行讨论交流，在自主探索和合作学习中掌握有关知识。这样就能有效地突破本节课的难点，为学生今后的学习打下坚实的基础。

为了突破教学难点，让学生能熟练准确地理解和掌握线的相关知识，本课设计了多样化的练习以使学生巩固所学知识。在学生回答、板演、讨论的过程中，课堂气氛被激活，教学难点被突破，使学生在轻松愉快的氛围中扎实地掌握相关性质并灵活运用。同时，学习伙伴之间进行了思维的碰撞和沟通。

利用相似三角形测高的教学设计

遵义市第十一中学　陈应平

一、教学目标

（1）学会测量旗杆高度的三种方法，并会进行初步的证明和计算。

（2）通过设计测量旗杆高度的方案，学会由实物图形抽象成几何图形的方法。

（3）通过具体的情境，提升提出问题和解决问题的意识和能力，并能运用不同的方法解决生活中的简单问题。

二、教学设计

环节一：创设情境、提出问题

活动1：在幻灯片上展示我校旗杆、上海东方明珠的图片，回答问题。

前面我们学过了相似三角形的有关知识，那么怎样应用相似三角形的知识解决一些不能直接测量的物体高度的问题呢？比如测量旗杆、东方电视塔等的高度。大家想解决这些问题吗？好，今天让我们一起来学习一下利用相似三角形测高（板书课题：利用相似三角形测高）。

环节二：自主思考、合作探究

活动2：探究学习，感悟新知。

活动内容：学生课前预习、教师课堂引导、学生课上讨论，归纳总结出测量一些不能直接测量的物体高度的方法。

1. 利用阳光下的影子来测量旗杆的高度

操作方法：一名学生直立于旗杆影子的顶端处测出该同学的影长和此时旗杆的影长。点拨：把太阳的光线看成是平行的。

∵太阳的光线是平行的，∴$AE /\!/ CB$，

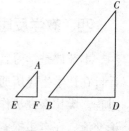

图 5 - 2 - 19

$\therefore \angle AEF = \angle CBD$,

$\because$ 人与旗杆是垂直于地面的，$\therefore \angle AFE = \angle CDB$，$\therefore \triangle AEF \backsim \triangle CBD$，

$\therefore \dfrac{AF}{CD} = \dfrac{EF}{BD}$。

因此，只要测量出人的影长 EF，旗杆的影长 DB，再知道人的身高 AF，就可以求出旗杆 CD 的高度了。

2. 利用标杆测量旗杆的高度

操作方法：选一名学生为观测者，在他和旗杆之间的地面上直立一根高度已知的标杆，观测者前后调整自己的位置，使旗杆顶部、标杆顶部与眼睛恰好在同一直线上时，分别测出他的脚与旗杆底部，以及标杆底部的距离，即可求出旗杆的高度。

$\because$ 人、标杆和旗杆都垂直于地面，

$\therefore \angle ABF = \angle EFD = \angle CDF = 90°$。

$\therefore$ 人、标杆和旗杆是互相平行的。

$\because EF /\!/ CN$，

$\therefore \angle AME = \angle ANC$，

$\because \angle EAM = \angle CAN$，

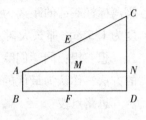

图 5 - 2 - 20

$\therefore \triangle AME \backsim \triangle ANC$，$\therefore \dfrac{AM}{AN} = \dfrac{EM}{CN}$。

$\because$ 人与标杆的距离、人与旗杆的距离，标杆与人的身高的差 EM 都已测量出，$\therefore$ 能求出 CN。

$\because \angle ABF = \angle CDF = \angle AND = 90°$，$\therefore$ 四边形 $ABND$ 为矩形。$\therefore DN = AB$，

$\therefore$ 能求出旗杆 CD 的长。

3. 利用镜子的反射

操作方法：选一名学生作为观测者。在他与旗杆之间的地面上平放一面镜子，固定镜子的位置，观测者看着镜子来回调整自己的位置，使自己能够通过镜子看到旗杆顶端。测出此时他的脚与镜子的距离、旗杆底部与镜子的距离，从而求出旗杆的高度。

点拨：入射角 = 反射角。

$\because$ 入射角 = 反射角，

$\therefore \angle AEB = \angle CED$。

$\because$ 人、旗杆都垂直于地面，

$\therefore \angle B = \angle D = 90°$，$\therefore \dfrac{AB}{CD} = \dfrac{BE}{DE}$。

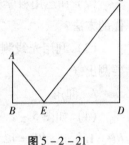

图 5 - 2 - 21

因此，测量出人与镜子的距离 BE，旗杆与镜子的距离 DE，再知道人的身高 AB，就可以求出旗杆 CD 的高度。

环节三：练习巩固、演绎提升

活动 3：通过以下问题的解决，充分发挥学生的聪明才智。

（1）小敏测得 2 m 高的标杆在太阳光下的影长为 1.2 m，同时又测得一棵树的影长为 12 m，请你计算出这棵树的高度。

（2）在距离 AB 18 米的地面上平放着一面镜子 E，人退后到距镜子 2.1 米的 D 处，在镜子里恰能看见树顶，若人眼距地面 1.4 米，求树高。

（3）为了测量校园里一棵大树的高度，王刚在与大树之间的地面上直立了一根高为 2 m 的标杆 CD，然后，王刚开始调整自己的位置，当他能看到标杆的顶端 C 与树的顶端 E 重合时就站立不动，这时其他同学通过测量，发现王刚的脚离标杆底部的距离为 1 m，离大树底部的距离为 9 m，王刚的眼睛离地面的高度为 1.5 m，那么大树 EF 的高为多少？

想一想：同学们除了经历的上述三种方法，你还能想出哪些测量旗杆高度的方法？你认为最优的方法是哪种？

思路点拨：

（1）如果旗杆周围有足够空地使旗杆在太阳光照射下影子都在平地上，并能测出影子的长度，那么，可以在平地垂直立一根小棒，等到小棒的影子恰好等于棒高时，再测量旗杆的影子，此时旗杆的影子长度就是这个旗杆的高度。

（2）可以采用立一个已知长度的参照物在旗杆旁，照相后量出照片中旗杆与参照物的长度，根据线段成比例来进行计算。

（3）拿一根知道长度的直棒，手臂伸直，不断调整自己的位置，使直棒刚好完全挡住旗杆，量出此时人到旗杆的距离、人手臂的长度和棒长，就可以利用三角形相似来进行计算。

环节四：反思评价、应用迁移

（1）本节课你有哪些收获（知识方面和操作方面）？

（2）在运用科学知识进行实践过程中，你具备了哪些能力？你是否想到最优的方法？

（3）利用光线测量出一棵树的高度，除了测量出人高与人的影长外，还需要测出（　　）

　A. 仰角　　　　　B. 树的影长　　　　　C. 标杆的影长　　　　　D. 都不需要

（4）如图 5 - 2 - 22 所示，已知 $AB \perp BD$，$CD \perp BD$，且测得 $AB = 1.2$ m，$BP = 1.8$ m，$PD = 12$ m。那么该古城墙 CD 的高度是（　　）

A. 6 m   B. 7 m   C. 8 m   D. 10 m

（5）如图 5－2－23 所示，一人拿着一支刻有厘米符号的小尺，站在距电线杆约 30 米的地方，把手臂向前伸直，小尺竖直，看到尺上约 15 厘米恰好遮住电线杆，已知手臂长约 60 厘米，求电线杆的高。

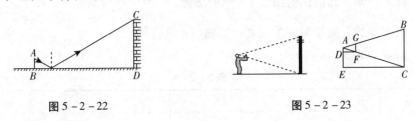

图 5－2－22   图 5－2－23

三、教学反思

（1）对学生在讨论中的可能想法要及时予以点评、指导。

（2）在总结测量方法时要注意以下几点：

① 运用方法 1 时：可以把太阳光近似地看成平行光线，计算时还要用到观测者的身高。

② 运用方法 2 时：观测者的眼睛必须与标杆的顶端和旗杆的顶端"三点共线"，标杆与地面要垂直，在计算时还要用到观测者的眼睛离地面的高度。

③ 运用方法 3 时：应注意向学生解释光线的入射角等于反射角。

（3）该课虽是活动课，但仍需通过具体题目的解答，让学生巩固本节课所学的主要内容，培养学生学数学的兴趣和用数学的意识。

反比例函数的图像与性质的教学设计

遵义市第十一中学　　任孝孟

一、教学目标

（1）会用描点法画出反比例函数 $y = \dfrac{k}{x}$（$k \neq 0$）的图像。

（2）通过学生经历探索反比例函数 $y = \dfrac{k}{x}$（$k \neq 0$）图像和性质发现的过程，培养学生善于观察、勤于思考、归纳总结的良好学习习惯。

二、教学设计

环节一：创设情境、提出问题

探索新知：画反比例函数 $y = \dfrac{6}{x}$ 的图像。

画图像的一般步骤：①列表；②描点；③连线。

列表（表 5 − 2 − 1）：

表 5 − 2 − 1

x	...									...
$y = \dfrac{6}{x}$	...									...

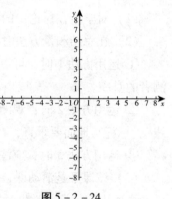

图 5 − 2 − 24

由图像，我们可以发现：

问题 1：反比例函数 $y = \dfrac{6}{x}$ 的图像是由两条

_____组成，我们把它叫作_____。

问题 2：反比例函数 $y = \dfrac{6}{x}$ 的图像分别位于

第_____象限。

问题 3：反比例函数 $y = \dfrac{6}{x}$ 的图像，在每个

象限内，y 随 x 的变化情况。

（1）在第一象限内，y 随 x 的增大而_____。

（2）在第三象限内，y 随 x 的增大而_____。

环节二：探究（自主探究、合作交流）

例 1：在坐标系中（图 5 − 2 − 24），画出函数 $y = \dfrac{12}{x}$ 的图像。

解：列表并填写（表 5 − 2 − 2）：

表 5 − 2 − 2

x	...									...
$y = \dfrac{12}{x}$	...									...

观察图像，我发现了：

问题4： 反比例函数 $y = \dfrac{12}{x}$ 的图像分别位于第_____象限。

问题5： 观察反比例函数 $y = \dfrac{12}{x}$ 的图像，在每个象限内，y 随 x 的变化情况。

（1）在第一象限内，y 随 x 的增大而_____。

（2）在第三象限内，y 随 x 的增大而_____。

探究： 请同学们观察函数 $y = -\dfrac{6}{x}$ 和 $y = -\dfrac{12}{x}$ 的图像（图 5 - 2 - 25、图 5 - 2 - 26）。

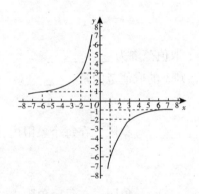 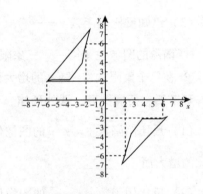

图 5 - 2 - 25   图 5 - 2 - 26

观察图像，我发现了：

问题6： 函数 $y = -\dfrac{6}{x}$ 的图像位于第_____象限；在每个象限内，y 随 x 的变化情况。

（1）在第二象限内，y 随 x 的增大而_____。

（2）在第四象限内，y 随 x 的增大而_____。

问题7： 函数 $y = -\dfrac{12}{x}$ 的图像位于第_____象限，在每个象限内，y 随 x 的变化情况。

（1）在第二象限内，y 随 x 的增大而_____。

（2）在第四象限内，y 随 x 的增大而_____。

归纳：

（1）反比例函数的图像是_____。

（2）当 $k > 0$ 时，双曲线的两支分别位于第_____象限，在每个象限内，y 随 x 的增大而_____。

当 $k < 0$ 时，双曲线的两支分别位于第_____象限，在每个象限内，y 随 x 的增大而_____。

环节三：成果展示、反思评价

（1）反比例函数 $y = \dfrac{3}{x}$ 的图像位于第_____象限，在每个象限内，y 随 x 的增大而_____。

（2）反比例函数 $y = -\dfrac{3}{x}$ 的图像位于第_____象限，在每个象限内，y 随 x 的增大而_____。

（3）已知反比例函数 $y = \dfrac{k-2}{x}$，

① 函数的图像位于第一、三象限，则 k 的取值范围为_____。

② 在每个象限内，y 随 x 的增大而增大，则 k 的取值范围是_____。

环节四：拓展提高、课外延伸

（1）反比例函数 $y = -\dfrac{12}{x}$ 的图像位于第_____象限，在每个象限内，y 随 x 的增大而_____。

（2）反比例函数 $y = -\dfrac{4}{3x}$ 的图像位于第_____象限，在每个象限内，y 随 x 的增大而_____。

三、课堂小结

本节课你有什么收获？

四、教学反思

这节课主要是通过学生自主探究、观察、类比学习，探索得出反比例函数的图像和性质，使学生经历了一次自主获取新知的成功体验，充分体现了新课程的教学理念和自主探究的学习方法。自主探究学习是近年来兴起的一种全新的教学方式，它主要着力于学生的学，鼓励学生以类似科学研究的模式，进行主动探索。它把目标指向学生的创新能力、问题意识，关注现实、关注人类发展的意识和责任感的培养，而不仅仅是知识的传播和掌握。自主探究学习有利于改变学生学习数学的方式，它强调"在做中学"，力图通过学生"做"的主动探究过程来培养他们的创新精神、动手能力和解决问题的能力。而立足于课堂，深入钻研教材，是数学课堂教学中实施探究性学习的基础。

菱形的性质的教学设计

遵义市第十一中学　任孝孟

一、教学目标

（1）知识与技能：了解菱形特有的性质，掌握菱形的两条性质，能正确利用菱形的性质进行基本的计算、推理、论证。理解菱形与平行四边形的内在联系与区别。

（2）过程与方法：经历菱形性质的探究过程，在观察中寻求新知，在探究中发展推理能力，培养学生的逻辑推理能力和演绎能力。

（3）情感、态度与价值观：经历菱形的性质的探究过程，培养学生动手实验、观察推理的意识，发展学生的形象思维和逻辑推理能力。

二、教学重、难点

重点：菱形性质的探求和应用。

难点：菱形对角线互相垂直平分的探究。

三、教学用具准备

多媒体课件、圆规、直尺。

四、教学方式

"三线—四环—五线型"探究式课堂教学。

五、教学过程

多媒体播放三菱汽车的图片，从而引出本节课题——菱形。

设计意图：使学生经历从现实生活中抽象出数学问题的过程，从而激发学生的好奇心和求知欲，引入本节课所要研究的内容。

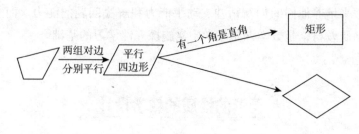

图 5 - 2 - 27

环节一：激疑

利用多媒体以动态图的形式向同学们展示平移平行四边形的一条边使其一组邻边相等（图 5 - 2 - 27）。

师：如果改变了边的长度，使两邻边相等，那么这个平行四边形将成为怎样的四边形？

生：菱形。

菱形的定义：有一组邻边相等的平行四边形叫菱形。

几何语言（图 5 - 2 - 28）：

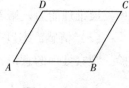

$\because$ 四边形 $ABCD$ 是平行四边形，

又 $\because$ $AB = BC$，

$\therefore$ 四边形 $ABCD$ 是菱形。

图 5 - 2 - 28

注：菱形是特殊的平行四边形，所以菱形具有平行四边形的一切性质。

设计意图： 观察平行四边形中的特殊平行四边形，获得菱形的初步认识，理清菱形和平行四边形的关系。通过观察平移平行四边形的一条边使其一组邻边相等得到菱形，让学生感知菱形与平行四边形的关系，使学生在轻松愉快中得到菱形的定义。

环节二：探究

画一画，利用尺规作图，在 AB 上截取 $AE = AD$，过点 E 作 $EF /\!/ AD$。

问题 1： 同学们，观察你刚刚画的图形，它的四条边都有什么关系呢？

生：相等。

猜想 1：菱形的四条边都相等。

已知：如图 5 - 2 - 29 所示，四边形 $ABCD$ 是菱形，$AB = BC$。

求证：$AB = BC = CD = AD$。

证明：$\because$ 四边形 $ABCD$ 是菱形，

$\therefore$ $AB = CD$，$AD = BC$（平行四边形的两组对边分

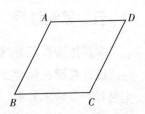

图 5 - 2 - 29

别相等）。

∵ $AB = AD$，

∴ $AB = BC = CD = AD$。

性质 1：菱形的四条边都相等。

几何语言：

∵ 四边形 $ABCD$ 是菱形，

∴ $AB = BC = CD = DA$。

设计意图：让学生从边的角度出发，观察菱形的边的特性，独立思考，再通过交流和引导，明确目前线段相等的证明方法，让学生感受数学的严谨性，培养学生的观察、概括能力，激发学生的求知欲。

问题 2：□$ABCD$ 是菱形，对角线 AC、BD 有什么位置关系？

生：$AC \perp BD$，AC 与 BD 互相平分，即 $OA = OC$，$OB = OD$。

问题 3：图中有哪些相等的角？

生：$\angle 1 = \angle 2$；$\angle 3 = \angle 4$；$\angle 5 = \angle 6$；$\angle 7 = \angle 8$；$\angle DAB = \angle BCD$；$\angle ABC = \angle CDA$；$\angle AOB = \angle BOC = \angle COD = \angle DOA = 90°$。

猜想：菱形的两条对角线互相垂直且平分，并且每一条对角线平分一组对角。

已知：如图 5 - 2 - 30 所示，菱形 $ABCD$ 的对角线 AC 和 BD 相交于点 O。

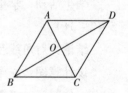

图 5 - 2 - 30

求证：$AC \perp BD$；AC 平分 $\angle BAD$ 和 $\angle BCD$；BD 平分 $\angle ABC$ 和 $\angle ADC$。

证明：∵ 四边形 $ABCD$ 是菱形，

∴ $AB = AD$，$BO = DO$，

∴ △ABD 是等腰三角形。

∵ $BO = DO$，

∴ $AC \perp BD$。

即 AC 平分 $\angle BAD$。

同理：AC 平分 $\angle BCD$；BD 平分 $\angle ABC$ 和 $\angle ADC$。

性质 2：菱形的两条对角线互相垂直，并且每一条对角线平分一组对角。

几何语言：

∵ 四边形 $ABCD$ 是菱形，

∴ $AC \perp BD$，$OA = OC$，$OB = OD$。

AC 平分 $\angle BCD$ 和 $\angle BAD$；BD 平分 $\angle ABC$ 和 $\angle ADC$。

设计意图：让学生从对角线的角度出发，观察菱形的对角线的特性，独立思考，再通过交流和引导，从而归纳出菱形对角线的性质。理清菱形和平行四边形的区别和联系。

问题4：图中有几个直角三角形？分别是哪些？

生：4个直角三角形，分别是△AOB，△AOD，△BOC，△DOC。

问题5：这些直角三角形的面积相等吗？

生：相等。

$$S_{\text{菱形}} = 4 \times S_{\triangle AOB} = 4 \times \frac{1}{2} \times AO \times OB = 2 \times \frac{1}{2} \times AC \times \frac{1}{2} \times BD = \frac{1}{2} \times AC \times BD。$$

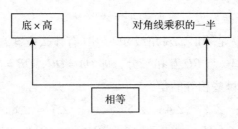

图5-2-31

思考：对角线互相垂直的四边形的面积是否都等于对角线乘积的一半？

学生活动：学生通过画图，独立思考、计算后，交流、讨论得出结论（图5-2-31）。

结论：对角线互相垂直的四边形的面积都等于对角线乘积的一半。

设计意图：在学生独立思考之后，通过交流和引导，让学生经历菱形的面积公式的探究，培养学生自主探究的精神，激发学生的学习兴趣。

环节三：建构——小试牛刀

例1：已知菱形的周长是16 cm，那么它的边长是___4 cm___。

例2：菱形ABCD的边长为5 cm，OA=3 cm，则AC=___6 cm___，BD=___8 cm___，菱形的面积为___24 cm²___。

例3：如图5-2-32所示，在菱形ABCD中，∠A=60°，AB=4，O为对角线BD的中点，过点O作OE⊥AB，垂足为E。

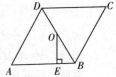

图5-2-32

（1）求∠ABD的度数。

（2）求线段BE的长。

设计意图：利用例题，巩固提高，培养学生解决问题的能力，巩固学生对菱形性质的掌握。在练习的设计上，遵循由浅入深、循序渐进的原则，使学生发现问题、解决问题的能力得到进一步提高。

环节四：迁移——归纳知识要点

菱形的定义：一组邻边相等的平行四边形叫作菱形。

菱形的性质 $\begin{cases} (1) \text{ 菱形具有平行四边形的一切性质；} \\ (2) \text{ 菱形的四条边相等；} \\ (3) \text{ 菱形的两条对角线互相垂直平分，且每一条对角线} \\ \qquad \text{平分一组对角。} \end{cases}$

底 $\times$ 高 $= S_{\text{菱形}} =$ 对角线乘积的一半。

设计意图： 回顾本节课的知识点，让学生更容易掌握本节课的内容。

如图 5 – 2 – 33 所示，在菱形 $ABCD$ 中，$\angle B = 60°$，M 为 BC 上一点，N 为 CD 上一点，$\angle MAN = 60°$。

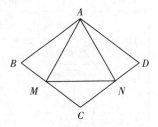

图 5 – 2 – 33

① 若 M 为 BC 的中点，$\angle AMN = 60°$，求证：$BM = CN$。

② 若 $\angle MAN = 60°$，求证：$\triangle AMN$ 是等边三角形。

设计意图： 利用迁移，拓展提升，使学生发现问题、解决问题的能力得到进一步提高。

六、教学反思

设置三菱汽车的标志图片，体现数学来源于生活，通过观察平移平行四边形的一条边使其一组邻边相等得到菱形，让学生感知菱形与平行四边形的关系。对菱形的特性进行剖析，让学生在观察、思考、交流、讨论、归纳、证明中得到菱形特有的性质，发展学生的形象思维和逻辑推理能力。在探究的过程中获得成功的体验，通过菱形的性质的运用，锻炼克服困难的意志，建立自信心。

教学时，将课堂还给学生，达到以学生为主，教师为辅的目的，让学生感受到自己是学习的主人，培养学生主动探索、敢于实践、善于发现问题的科学精神以及合作交流的学习习惯。

"自制筝形"活动课的教学设计

遵义市第十一中学　张普钢

数学实践活动探究				
活动名称		自制"筝形"的探究	活动日期	月　日　星期
负责人		参加学生	活动地点	
活动目标	教学重点	理解筝形的概念，探索和证明筝形的性质		
	教学难点	探索和证明筝形的性质		
探究过程	活动内容	师生活动		活动意图
	1. 观察抽象，形成概念。 问1：观察视频（播放含有筝形风筝的视频），发现有种风筝是四边形，你知道这是什么四边形吗	学生自由回答可能是什么四边形，教师展示自制风筝。从而发现这是一种没有学习过的四边形，请学生尝试命名。教师揭示主题		从实际生活出发，激发学生强烈的好奇心和求知欲。从实际背景中抽象出筝形，让学生经历将实物抽象为图形的过程
	问2：你知道什么样的图形叫作筝形吗	1. 用学具拼出一个筝形。 2. 结合拼筝形的过程，自己尝试写出筝形的定义。 3. 组内交流，进一步完善筝形的定义。 注：教师及时收集反馈信息，并适时指导；师生共同合作给出筝形的定义；说明定义的两方面作用：既可以作为性质，又可以作为判定筝形的依据，从而发现菱形是特殊的筝形		通过实践操作、看图、拼图，让学生经历概念的探究过程，自然形成概念。让学生小组合作探究，从实际生活背景中抽象出筝形，体验数学在实际生活中的运用
	学生可能提出问题	学生疑问1： "筝形"是四边形，具有不稳定性，我们怎样才能准确定义"筝形"？ 疑问2： 疑问3：		教师关注学生课堂讨论，在学生疑问中捕捉问题并引导学生解决问题

续 表

	2. 实验猜想，探究性质。 问3：同学们，我们在研究四边形的过程中，主要是从哪几个方面来研究	1. "筝形"性质的研究。 2. "筝形"的边、角、对角线	对图形性质的研究，重在解决研究什么，怎么研究问题。引导学生通过类比四边形，确定筝形的研究目标和研究思路
探究过程	问4："筝形"性质是什么？ 问5：根据"筝形"的定义，你能得出边、角、对角线的性质吗	1. 剪一个"筝形"。 2. 恰当利用筝形模型，测量、折叠等方法猜想"筝形"的边、角、对角线可能存在哪些特殊的数量或位置关系。 3. 小组合作交流、探究	教师及时收集反馈信息，适时指导；小组展示成果，教师引导小组组间相互质疑、补充；师生共同完善并准确归纳出筝形的性质
	学生可能提出问题	学生疑问1："筝形"的对称性 疑问2：我们在测量、折叠过程中可以得到"筝形"边、角、对角线的性质。那么，是否需要证明呢？ 疑问3："筝形"的面积公式	让学生逐步做到敢提问题、会提问题，教师通过课堂教学或课外辅导进行质疑，在引导学生深入学习的同时，给他们做出如何提出问题、提出什么样问题的示范
	3. 应用知识，解决问题。 问6：我想要制作一个风筝，可是我手中的筝形骨架还缺一个面，你能将风筝给我弄完整吗？我至少需要多大的筝形纸面？	例：如右图所示，在筝形 $ABCD$ 中，AC，BD 相交于点 O，$AO=4$，$CO=6$，$BD=6$，求筝形 $ABCD$ 的面积。 变形：如右图所示，在筝形 $ABCD$ 中，AC，BD 相交于点 O，$AC=a$，$BD=b$，求筝形 $ABCD$ 的面积	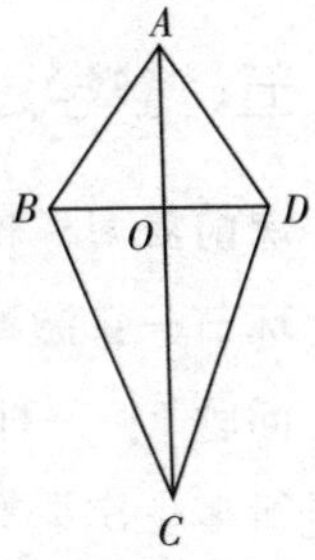
教学反思	数学实验教学是让学生通过自己动手操作，进行探究、发现、思考、分析、归纳等思维活动，最后获得概念理解、解决问题的一种教学过程。在这个过程中，教师通过提问引导和启发学生学习研究数学问题的方法。在数学实验教学中教师仍然处于主导的地位，而学生则处于主动学习的地位。 通过实验让学生探究"筝形"，学生不仅理解了筝形的定义、探索和证明了筝形的性质，还了解了菱形是特殊的筝形，筝形是轴对称图形		

同底数幂的乘法的教学设计

遵义市第十一中学　吴湘花

一、教学目标

（1）理解同底数幂的乘法，会用这一性质进行同底数幂的乘法运算。

（2）体会数式通性和从具体到抽象的思想方法在研究数学问题中的作用。

二、教学重点

体会公式的发现与推导过程，理解公式的本质，并会运用公式进行简单的计算。

三、教学难点

同底数幂乘法的运算性质的理解与推导。

四、教学方法

三线四环五型探究式课堂教学。

五、教学过程

课前复习：幂的意义

环节一：激疑（创设情境、问题导引）

问题1：一种电子计算机每秒可进行1千万亿（10^{15}）次运算，它工作10^3 s可进行多少次运算？

追问1：如何列出算式？

追问2：10^{15}是什么形式？10叫什么？15叫什么？10^{15}表示的意义是什么？

追问3：怎样根据乘方的意义进行计算？

设计意图：①承前启后，为本节内容的引入做铺垫；②让学生感受学习同底数幂的乘法的必要性，并通过有步骤、有依据地计算，为探索同底数幂的乘法的运算性质做好知识和方法的铺垫。

环节二：探究（自主探究，合作交流）

猜想与验证。

问题2：根据乘方的意义填空，观察计算结果，你能发现什么规律？

$2^5 \times 2^2 = 2^{(\quad)}$；

$a^3 \cdot a^2 = a^{(\quad)}$；

$5^m \times 5^n = 5^{(\quad)}$。

追问1：上述三个等式的左边都是两个因数的什么运算？

追问2：每个因数都是什么形式？

追问3：两个幂的底数有什么关系？

追问4：每一个等式的右边也都是什么形式？

追问5：等式左右两边的底数有什么特征？

追问6：等式左右两边的指数有什么关系？

追问7：根据你的观察，你能再举一个例子，使它具有上述三个式子的共同特征吗？

问题3：能否用符号表示你发现的规律？

问题4：你能将上面发现的规律推导出来吗？

追问1：你能用文字语言概括出同底数幂的乘法的运算性质吗？

追问2：三个、四个或多个同底数幂相乘，结果会怎样？

归纳总结：

同底数相乘，底数_____；指数_____。

设计意图：让学生经历从具体到抽象的过程，即经历观察（每个具体的算式及其结果的特点）、比较（不同算式及其结果间的异同）、抽象（不同算式及其结果的共同特征）、概括（可能具有的规律）、推理（论证概括的结果）的过程，从中体会研究数学问题的基本思想方法——"具体—抽象"。

环节三：建构（成果展示，反思评价）

例：计算。

（1）$x^2 \cdot x^5$；（2）$a \cdot a^6$；（3）$(-2) \times (-2)^4 \times (-2)^3$；（4）$x^m \cdot x^{3m+1}$。

设计意图：让学生运用性质进行计算，在积累解题经验的同时，体会将同底数幂的乘法运算转化为指数的加法运算的思想。

小试牛刀：

练习1：判断下列计算是否正确，并简要说明理由。

（1）$n^3 \cdot n^7 = n^{10}$；

（2）$a^2 + a^5 = a^8$；

(3) $y^5 \cdot y^4 = y^{20}$;

(4) $x \cdot x^2 = x^2$;

(5) $b^4 \cdot b^4 = 2b^4$。

设计意图： 让学生通过辨析，加深对性质的理解和运用。

归纳提升：

环节四：迁移（拓展提高，课外延伸）

针对练习：

练习2： 计算。

(1) $\left(-\dfrac{1}{2}\right) \times \left(-\dfrac{1}{2}\right)^2 \times \left(-\dfrac{1}{2}\right)^3$;

(2) $a^2 \cdot a^6$。

设计意图： 巩固同底数幂乘法的运算性质。

能力提升：

练习3： 计算。

(1) $(a+b)^4 \cdot (a+b)^7$;

(2) $(n-m)^5 \cdot (n-m)^4$;

(3) $(m-n)^3 \cdot (m-n)^5 \cdot (m-n)^7$。

设计意图： 此练习涉及符号问题和幂的底数为多项式的情况，难度稍大。学生通过练习，可以更好地理解和运用相关性质，进一步提高分析和解决问题的能力。通过此练习，可突破本节课的难点。

六、课堂小结

本节课你有什么收获?

设计意图： 通过小结，使学生梳理本节课所学内容，把握本节课的核心——同底数幂的乘法的性质，进一步认识公式的结构特征，为运用公式积累经验。

平均数的教学设计

遵义市第十一中学　谭晓嵘

一、教学目标

1. 知识技能

掌握算术平均数、加权平均数的概念，会计算一组数据的算术平均数和加权平均数。

2. 数学思考

学生在参与解决实际问题的数学活动中，体会加权平均数及权的含义，渗透从特殊到一般的数学归纳方法，培养学生大胆质疑、不断挑战、严谨的数学品质。

3. 问题解决

通过有关平均数问题的解决，发展学生的数学应用能力。

4. 情感态度

通过解决实际问题，让学生体会数学与生活的密切联系。

二、教学重点

掌握算术平均数，加权平均数的概念，会求一组数据的平均数。

三、教学难点

理解加权平均数中"权"的意义和作用，利用加权平均数解决一些现实问题。

四、教学过程

教学策略	师生行为	设计意图
1. 情境引入 课前播放有关端午吃粽子习俗的短视频。 端午节是中国民间传统节日，短视频中提到端午节吃粽子的习俗，有同学能讲讲吃粽子这个习俗的由来吗？ 老师昨天逛街时接到一张宣传单，上面写着肉粽8元/个，蛋黄粽6元/个，蜜枣粽4元/个，同学们能计算出这三种粽子的平均价格吗？	学生讲出屈原与吃粽子这一习俗由来的关系（不足，教师补充）。	临近端午，情境较有代入感. 同时讲到爱国诗人屈原，让学生了解我国的传统文化，起到传承文化的目的。

教学策略	师生行为	设计意图
解: 平均价格为: $\dfrac{8+6+4}{3}=6$。 问题1: 随着节日的临近,超市推出一款6个装的私人订制粽子礼盒,可根据每人的喜好进行装配,由于销售需要,要求每种粽子都要有,且每人限定一盒。 老师对这三种粽子的喜爱程度相同,同学们建议老师如何装配礼盒呢?	师:这是大家小学时学过的算数平均数,这样的平均数记作 $\overline{x}$,读作 x 拔。 (板书) 师:同学们,你们更喜欢什么粽子呢? 让学生选择如何购买。 (生回答) 师:此时均价还是6元/个吗? 引导学生计算其平均数。	回顾以前所学知识,规范书写概念等。 让学生选择购买数量,使课堂更具体验性。

	肉粽	蛋黄粽	蜜枣粽	均价
单价 (元/个)	8	6	4	
老师的数量(个)				
同学 A 的数量(个)				
同学 B 的数量(个)				

教学策略	师生行为	设计意图
问题2: 三种粽子的价格不变,但计算均价时,结果不同,你能感受到是哪些数据导致的吗? 说说你的想法。 问题3: 如果我按照数量 x 个 x 个 x 个地去买,你们说老师更侧重哪种? 此时,计算平均数时,哪个数据对其影响最大? 引入"权"的概念: 在实际生活中,一组数据里的各个数据的"重要程度"未必相同,在计算数据时,往往给每个数据一个"权"。 这样计算得出的平均数,叫加权平均数。 比如,表格中的2是赋予价格8重要程度,即是数据8的权,同学们从上述表格中能找出相应的权吗?	(生回答) 不足处教师做补充。 (板书)权:反映数据的重要程度用加权平均数。 (生回答) 师:可否将这种算法推广到 n 个数呢?	通过三次购买,使学生体会侧重不同均价不同。 顺其自然地引出权的概念,并使学生体会到权对平均数的影响。

教学策略	师生行为	设计意图
2. 探究新知 问题4： 知道权的含义后，观察黑板上这几个式子的分子和分母，我们想一下若有 3 个数 x_1，x_2，x_3，它们的权分别是 ω_1，ω_2，ω_3，则这三个数的加权平均数是_____。 一般地，若 n 个数 x_1，x_2，x_3，…，x_n 的权分别是 ω_1，ω_2，ω_3，…，ω_n 则这 n 个数的加权平均数是_____。 3. 理解新知 例1：一家公司打算招聘一名英文翻译，对甲、乙两名应试者进行了听、说、读、写的英语水平测试，他们的各项成绩（十分制）见下表：	师：甲乙两人总成绩相同，却在不同招聘方案下得到不同结果，同学们知道这是为什么吗？ 由此，我们能想到什么？	通过类比的思想，引导学生自己得出计算平均数的公式。 本节课的重点是教会学生体验权的重要性，学会分析数据而不是计算数据. 所以在拿到一组数据时第一时间应该先观察、分析，但数学讲究用数据说话，所以我们还是要通过计算验证。

应试者	听	说	读	写
甲	6	6	8	8
乙	9	7	7	6

教学策略	师生行为	设计意图
如果这家公司想招一名综合能力较强的翻译，计算两名应试者的平均成绩（十分制），从他们的成绩看，应该录取谁？ （2）如果这家公司想招一名笔译能力较强的翻译，听、说、读、写的成绩按照 2∶1∶3∶4 确定，计算两名应试者的平均成绩（十分制），从他们的成绩看，应该录取谁？ （3）如果这家公司想招一名口语能力较强的翻译，听、说、读、写的成绩按照 3∶3∶2∶2 确定，那么甲、乙两人谁将被录取？	先分析数据，再提出猜想，最后进行计算验证。 由于权对最终数据的作用，赛前就应将权分配好，以此达到公正、公平的效果。	不同方案得到不同结果：天生我材必有用。 用数据分析的眼光去看待事物。
4. 应用新知 练习1：一次演讲比赛中，评委将从演讲内容、演讲能力、演讲效果三个方面为选手打分，各项成绩均按百分制计，然后再按演讲内容占 50%、演讲能力占 40%、演讲效果占 10% 计算选手的综合成绩（百分制），进入决赛的前两名选手的单项成绩如下表所示，请确定两人名次。	根据课堂授课时间进行相应调整。	深刻体会权的作用，理解加权平均数的意义。

教学策略	师生行为	设计意图

选手	演讲内容	演讲能力	演讲效果
A	85	95	95
B	95	85	95

（1）不计算，先猜想，仅分析数据及其权，可否估计两人的名次？

（2）通过计算，验证你的猜想。

5. 巩固新知

练习2：上海市 2018 年人均可支配收入 49867 元，遵义市 2018 年城镇居民可支配收入分层情况见下表：

层次	高	中	低
年收入（万元）	16	6	2

（1）请计算遵义市 2018 年城镇居民平均可支配收入，与上海进行比较，哪个层次的人均可支配收入高？

（2）遵义市 2018 年城镇居民收入层次（高、中、低）人数的比为 $1:9:20$，请再次计算遵义市 2018 年城镇居民平均可支配收入。

（3）两个平均数，哪一个更能反映真实的年平均可支配收入。

课堂小结：

（1）权的意义：体现该数据的相对的_____。

（2）加权平均数的计算方法。

（3）权的表现形式：（问题2、3中）：_____。

（例1中）：_____。

（练习1中）：_____。

课后作业：

P113 练习第 2 题，P122 综合运用第 5 题

师生行为列： 学生回顾总结整堂课所学，并有相应的感悟

设计意图列： 体会加权平均数在实际生活中的意义。

引导学生总结，授之以鱼，不如授之以渔

立方根的教学设计

遵义市第十一中学　杨　敏

一、教学目标

（1）掌握立方根的定义以及正数、负数、0 的立方根的特点。

（2）能用有理数估计一个无理数的大致范围，使学生形成估算的意识，培养学生的估算能力。

二、教学设计

环节一：激疑（创设情境、问题导引）

问题 1：平方根的定义？

问题 2：你能试着定义一下"立方根"吗？

问题 3：某化工厂使用半径为 1 米的一种球形储气罐储藏气体，现在要造一个新的球形储气罐，如果要求它的体积必须是原来体积的 8 倍，那么它的半径应是原来储气罐半径的多少倍？

环节二：探究（自主探究、合作交流）

1. 立方根的概念及性质

问题 1：要做一个体积为 27 cm^{3}的正方体模型（图 5 – 2 – 34），它的棱长要取多少？你是怎么知道的？

图 5 – 2 – 34

问题 2：（1）什么数的立方等于 – 8？

（2）如果问题中正方体的体积为 5 cm^3，正方体的边长又该是多少？

① 立方根的概念。

一般地，一个数的_____等于 a，这个数就叫作 a 的_____，也

叫作 a 的三次方根，记作 $\sqrt[3]{a}$ 。

若 $x^3 = a$ ，则 $x = \sqrt[3]{a}$ 。

② 立方根的表示。

$\sqrt[3]{a}$ 读作：三次根号 a ，其中 a 是被开方数，3 是根指数，3 不能省略。

提问 1：3 为什么不能省略？

提问 2：3 的书写有没有规范要求？

提问 3：根据立方根的意义填空：

因为 $2^3 = 8$ ，所以 8 的立方根是（ ）；

因为（ ）$^3 = 0.125$ ，所以 0.125 的立方是（ ）；

因为（ ）$^3 = 0$ ，所以 0 的立方根是（ ）；

因为（ ）$^3 = -8$ ，所以 -8 的立方根是（ ）；

因为（ ）$^3 = -\dfrac{8}{27}$ ，所以 $-\dfrac{8}{27}$ 的立方根是（ ）。

提问 4：是不是任意数都有唯一的立方根？

③ 立方根的性质。

一个正数有一个正的立方根；一个负数有一个负的立方根；零的立方根是零。

注意：立方根是它本身的数有 1 ，-1 ，0 ；平方根是它本身的数只有 0 。

2. 开立方及相关运算

问题 3：乘法的逆运算是＿＿＿＿＿＿，加法的逆运算是＿＿＿＿＿＿，乘方的逆运算是＿＿＿＿＿＿。

问题 4：观察图 5 - 2 - 35 。

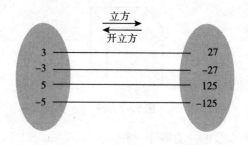

图 5 - 2 - 35

注："开立方"与"立方"互为逆运算。

类似开平方运算，求一个数的立方根的运算叫作"开立方"。

例 1：求下列各数的立方根：

① -27；② $\dfrac{8}{125}$；③ $3\dfrac{3}{8}$；④ 0.216；⑤ -5。

环节三：建构（成果展示、反思评价）

练一练：

因为 $\sqrt[3]{-8} =$ _____， $-\sqrt[3]{8} =$ _____，

所以 $\sqrt[3]{-8}$ _____ $-\sqrt[3]{8}$。

因为 $\sqrt[3]{-27} =$ _____， $-\sqrt[3]{27} =$ _____，

所以 $\sqrt[3]{-27}$ _____ $-\sqrt[3]{27}$。

问题 5：根据此练习，你可以发现立方根的运算有什么规律吗？

一般地，$\sqrt[3]{-a} = -\sqrt[3]{a}$。

问题 6：平方根与立方根的区别和联系。

表 5-2-3

性质		平方根	立方根
性质	正数	两个，互为相反数	一个，为正数
	0	0	0
	负数	没有平方根	一个，为负数
表示方法		$\pm\sqrt{a}$	$\sqrt[3]{a}$
被开方数的范围		非负数	任何数

例 2：$\sqrt[3]{64}$ 的算术平方根是 _____。

例 3：计算：$\sqrt[3]{27} + \sqrt{4} - \sqrt[3]{-1}$。

疑问 1：$\sqrt{\sqrt[3]{64}}$，$\sqrt[3]{\sqrt{64}}$ 如何运算？

疑问 2：$\sqrt{\sqrt[3]{64}}$ 与 $\sqrt[3]{\sqrt{64}}$ 的区别与联系是什么？

环节四：迁移（拓展提高、课外延伸）

（1）算一算。

① $-\sqrt[3]{27} =$ _____，$\sqrt[3]{-\dfrac{64}{125}} =$ _____。

② $-\sqrt[3]{-1} =$ _____，$\sqrt[3]{10^3} =$ _____。

（2）比较 3，4，$\sqrt[3]{50}$ 的大小。

（3）立方根概念的起源与几何中的正方体有关，如果一个正方形的体积为 V，那么这个正方体的棱长为多少？

（4）求下列各式的值：

① $\sqrt[3]{-0.027}$；② $\sqrt[3]{-\dfrac{8}{27}}$；③ $\sqrt[3]{1-\dfrac{37}{64}}$；④ $\sqrt[3]{\dfrac{7}{8}-1}$。

（5）比较下列各组数的大小：

① $\sqrt[3]{9}$ 与 2.5；② $\sqrt[3]{3}$ 与 $\dfrac{3}{2}$。

（6）拓展提升。

若 $\sqrt[3]{x}=2$，$\sqrt{y^2}=4$，求 $\sqrt{x+2y}$ 的值。

小结（图 $5-2-36$）：

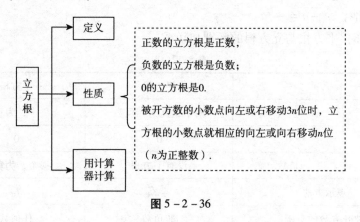

图 $5-2-36$

习题课的教学设计

遵义市第十一中学　张普纲

一、教学目标

（1）能够利用正方形的性质及三角形的全等进行证明。

（2）学生通过自主探究，在图形的变化过程中体会探索问题的方法，从而形成解决问题的思维策略，进一步培养学生的合情推理能力和逻辑思维能力。

（3）使学生在画图到推理论证的过程中，激发学生兴趣，逐步培养学生的探究精神和创新意识。

二、教学设计

问题呈现：如图 5 - 2 - 37 所示，四边形 $ABCD$ 是正方形，点 E 是边 BC 的中点，$\angle AEF = 90°$，且 EF 交正方形外角的平分线 CF 于点 F。

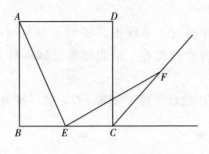

图 5 - 2 - 37

求证：$AE = EF$。

问 1：请同学们观察图形，AE，EF 是否在同一条直线上？（若在，只需证明点 E 是 AF 的中点）

问 2：观察图形，AE，EF 是什么样的特殊图形的边？（显然，$\triangle ECF$ 与 $\triangle ABE$ 不全等）

问 3：那么，我们如何构造以 AE，EF 为边的三角形全等呢？

探究 1：

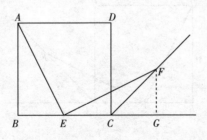

图 5 - 2 - 38

以 EF 为边，过点 F 作 $FG \perp EC$ 交 EC 于点 G，则 $Rt\triangle ABE \cong Rt\triangle EGF$ 吗？

请同学们思考一下，在 $Rt\triangle ABE$ 与 $Rt\triangle EGF$ 中，是否有一组对应边相等？（没有）

学生疑问 1：可不可以以 EF 为边，过点 F 作 $FG \perp EC$ 交 EC 于点 G，且使 $FG = BE$，则 $Rt\triangle ABE \cong Rt\triangle EGF$。

学生疑问2：请同学们认真审题，我们刚才在分析的过程中，还有哪个条件没有运用到？（点 E 是中点）

总结结论：在所构造的两个三角形中，若已知条件没有对应边对应相等，则不能构造直角三角形（不能作垂线）。

探究2：

在证明三角形全等的三个条件中，我们至少要知道一条对应边对应相等。所以，我们如何构造边相等？恰当地将已知条件点 E 是中点应用到证明过程中。

学生疑问1：在 EC 的延长线上截取 $EG = AB$，则 Rt$\triangle ABE \cong$ Rt$\triangle EGF$ 为什么不能够证明呢？

学生疑问2：

问1：直观判断，Rt$\triangle ABE$ 要比 $\triangle ECF$ 大。那么，我们能否在 Rt$\triangle ABE$ 中截取一个三角形全等于 $\triangle ECF$？

问2：我们如何构造两个三角形的对应边对应相等呢？（以 A 为端点，在 AB 上截取 $AM = CE$）

问3：$\triangle AME$ 与 $\triangle ECF$ 全等吗？为什么？

问4：请同学们思考一下，我们在构造 $AM = EC$ 的过程中，还可以怎样描述，使得证明更简洁？（取 AB 的中点 M，连接 ME）

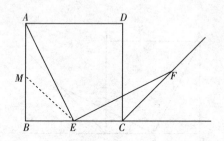

图 5 - 2 - 39

学生疑问：构造 AB 的中点 M，连接 ME 的目的是什么？在此过程中隐含了等腰直角三角形的应用，转换出了 45°角，其条件也是构造产生了两个条件。

设计意图：充分调动学生主动参与学习活动，勇于发表自己的见解。培养学生的思维和表达能力，在尝试的过程中学习数学并学会总结归纳，进而解决同类问题。

探究3:

问1：同学们，经过此题的分析、探讨、练习，你有什么收获？

问2：你能够从边、角（45°）的角度总结作辅助线的方法吗？

总结结论：

（1）从边的角度：证明两个三角形全等，至少需要知道一组对应边对应相等，则在对应的三角形中，找到对应的边，在较长边上截取一条线段等于较短线段。（以 A 为端点，在 AB 上截取 $AM = CE$ 或取 AB 的中点 M，连接 ME）

（2）从角的角度：审清题意，题干中存在 EF 交正方形外角的平分线 CF 于点 F，则 $\angle DCF = 45°$。在图形中如何充分利用点 E 是 BC 的中点，恰当构造 45°角？在 BA 边上截取 $BM = BE$，则 $\triangle BME$ 是等腰直角三角形，即 45°角的恰当构造。

◆ **试一试，我行**

1. 如图 5 - 2 - 40 所示，四边形 $ABCD$ 是正方形，若点 E 是边 BC 上的任意一点（点 E 不与点 B，C 重合），$\angle AEF = 90°$，且 EF 交正方形外角的平分线 CF 于点 F。

求证：$AE = EF$。

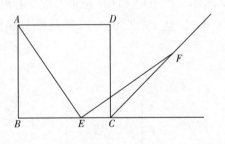

图 5 - 2 - 40

问1：请同学们思考，小组讨论交流。我们能不能过点 F 作 EC 的延长线的垂线？为什么？

问2：点 E 在运动的过程中，是哪些线段在直接发生变化？（BE，EC）

问3：请同学们分别从角、边的角度，利用 BE，EC 为参照物，分析其辅助线的作法，并说明两种作法的区别与联系是什么？

学生疑问：动点问题应该如何找等量关系？分析的切入点应该如何确定？

2. 如图 5 - 2 - 41 所示，四边形 *ABCD* 是正方形，若点 *E* 是边 *BC* 延长线上的任意一点，∠*AEF* = 90°，且 *EF* 交正方形外角的平分线 *CF* 于点 *F*。求证：*AE* = *EF*。

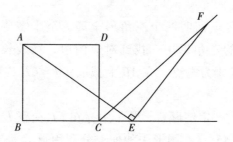

图 5 - 2 - 41

设计意图：通过几何画板的动态演示，让学生直观体会动点的变化形态。从而对例题进一步变式，题目背景虽发生变化，但解决方法与例题一样，培养了学生思维的发散性和广阔性。图形的形状发生变化，但解决问题策略不变，都是建立在母题的基础上培养分析问题的能力，进行类比学习。

◆◆ **我自信，我能行！**

1. 如图 5 - 2 - 42 所示，四边形 *ABCD* 是正方形，若点 *E* 是边 *CB* 延长线上的任意一点，∠*AEF* = 90°，且 *EF* 交正方形外角平分线的反向延长线 *CF* 于点 *F*。

求证：*AE* = *EF*。

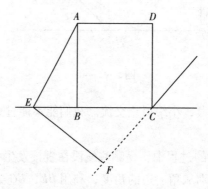

图 5 - 2 - 42

问 1：当点 E 是边 CB 延长线上的任意一点时，它与母题之间有什么联系？

问 2：当点 E 是边 CB 延长线上的任意一点时，动点运动后构成的线段是什么？（CE）

问 3：线段 CE 与 BC 的关系是什么？线段 CE 与 AB 有关系吗？能否在 AB 的延长线上截取线段 $BG = BE$？

学生疑问 1：可不可以在 $\triangle ECF$ 中截取一个三角形全等于 $\triangle ABE$？

学生疑问 2：以点 C 为端点，截取 $CM = BE$，连接 MF，则 $\triangle ABE$ $\cong \triangle EMF$。

2. 如图 5 – 2 – 43 所示，四边形 $ABCD$ 是正方形，且正方形的边长是 2，点 E 是边 BC 的中点，$\angle AEF = 90°$，且 EF 交正方形内角的平分线 CF 于点 F。求 EF 的长。（提示：连接 AC，描述 CF，AC 在同一条直线上）

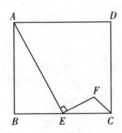

图 5 – 2 – 43

◆◆ 学后反思，体验收获

（1）回顾本节课你的收获是什么？会利用正方形的性质及三角形的全等进行证明。

（2）本节课解决问题的策略是什么？涉及图形的变化问题，要认真审题，体会前后知识与方法的联系，往往是图形变化了，但解决问题的方法基本不变，结论基本不变。

（3）你还有哪些疑惑，提出来大家帮你解决。

◆◆ 课外延伸，拓展提高

如图 5 – 2 – 44 所示，在正三角形 ABC 中，点 M 是 BC 边（不含端点 B，C）上任意一点，P 是 BC 延长线上一点，N 是 $\angle ACP$ 的平分线上一点，则当

∠AMN = 60°时，结论 AM = MN 是否还成立？请说明理由。

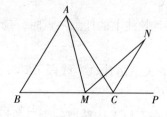

图 5 - 2 - 44

第六章

初中数学探究式课堂教学的
探索与思考

第一节　问题驱动是探究式教学的一个重要途径

　　问题驱动是探究式课堂教学的重要途径。问题是数学的心脏，也是思维活动的起点。教学活动中需要组织学生进行自主探究、合作交流，对学生的能力有较高的要求，而初中生在这方面的能力和经验还比较欠缺，因此可以基于学情设计问题串，做到"知识问题化，问题探究化，探究层次化"。

　　在学生学习知识的过程中，我们不妨把学生接受知识分为四个维度，理解、机械、探究、接受分别分在平面直角坐标中，如图 6 - 1 - 1 所示。

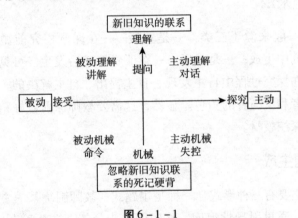

图 6 - 1 - 1

　　如果教师在教学中忽略新旧知识联系的死记硬背，那么学生就会处于机械性学习之中。教师注重新旧知识联系，那么学生就处于理解性学习之中。

　　在平面直角坐标中，四个象限分别是主动理解、被动理解、被动机械、主动机械。

　　教学过程中教师是引导者，学生是学习的主人。但是，教师的教学可能出现如下情况：

　　（1）若课堂教学教师注重了新旧知识的联系，通过提问、对话，那么学生接受知识就是主动理解，这是最佳教学效果。

　　（2）若课堂上以教师的讲解为主，教师注重了新旧知识的联系，那么学生的学习就是被动学习。

　　（3）若教学时教师忽略新旧知识的联系，教师通过命令式传递知识，那么学生的学习处于被动机械的状态，这种教学效果可以说是无效、失控的了。

（4）若教学时教师忽略了新旧知识的联系，而学生处于主动探究的状态，那么，学生的学习就是主动机械。

显而易见，课堂上以提问、学生主动探究的教学，一定会取得好的教学效果。通过问题唤醒探究意识，引发学生思考，提高课堂自主度。引入的问题要具有"启发性"，应当能够真正起到引导学生的作用；追问的问题要具有"探究性"，应当有助于学生更好地把握相关知识的核心，或者有助于学生通过问题思考逐步学会数学的思维；设计的问题具有"可接受性"，也即赢得善于将数学知识由原来的"学术形态"转化为适宜学生学习的"教育形态"，通过问题驱动来驱动学生探究，往往是实现夯实知识基础、揭示本质特征、提炼数学方法、提升思维水平的有效手段。

一、问题来源

课堂问题一般来源于三类：一是置疑——在课堂探究前抛出；二是质疑——在课堂探究中生成；三是悬疑——在课堂探究后发生。可见课堂上大多数问题都是学生在探究过程中自主发现、自主提出、自主解决的，教师只担当了引导者、组织者和参与者的角色。显然，这需要教师课前做好精心预设，要充分理解教材、深挖教材。

二、问题生成

课堂问题主要有三种形式。一种是主题式：教师围绕某一主题提出综合性或挑战性问题，通过引导性追问，将问题逐步分解，推至学生认知可及之处。这类问题处理尤其是在我们的专题复习课中比较常见。二是递进式：教师在课堂上围绕学习目标进行递进式追问，让学生的数学理解逐步深刻，数学思维拾级而上。三是并列式：这类问题的生成是灵活的、及时的，通过学生自主探究和师生对话互动加深理解数学。

在课堂教学中，要关注问题的设计、关注探究过程、关注思维发展，培养和发展学生的探究意识及探究能力，让学生养成探究习惯。教师要以学生为主体，课堂上努力引导学生暴露相异构想，并关注、引导探究，最终解决问题。给学生思考的空间，让学生"想"起来；给学生交流的空间，让学生"说"起来；给学生操作的空间，让学生"动"起来；给学生实践的空间，让学生"用"起来。

第二节　实施探究式教学两个重要角色转变

一、教师角色的转变

1. 做教材的创新者

叶圣陶先生说："教材无非是个例子，教师应凭借这些例子教学生掌握这个工具，形成良好的学习习惯，达到不需要教的目的。"教师应创造性地使用教材，对于教材中与实际教育过程不相适应的部分应大胆摒弃，切实做到"以人为本"。

2. 做学生的引导者

教师应做学生学习的引导者，数学教师的教学应该是不断地呈现问题，引导学生提出问题、解决问题。在数学课的教学中，教师可以通过引导的方式培养学生的探究习惯，提升学生的创新能力。

3. 做教学的生成者

作为教师，面对学生在教学过程中的生成情况，应做到关注、支撑和引导相结合，不断提高自己的反省能力和教育智慧，为学生创设环境、搭建舞台、提供机会，使学生的无意生成转化为班级的有意活动，促进学生的和谐发展，为学生的终身发展奠定扎实的基础。

4. 教学行为

探究式教学实现了教是为了不教的目的，教育培养的是人，而不是考试机器。学生是以"学会"为目的，寻求的是已知世界的现成答案，是会解决问题、会提出问题并对问题产生怀疑的人，人是以"会学"为手段，寻求的是对未知世界的认识，这是人的发展与生命成长的根本保证。通过实践研究，课堂中强化了学生的主体地位，以教师的教为主变为以学生的学为主，教师的不断设问变为了学生的"主动探索"，课堂的机械训练变成了学生的灵动生成。

二、学生角色的转变

1. 学习主体

探究式课堂教学中，学生从传统的顺从和被动接受知识转变为主动学习，学生成为课堂学习的主人。通过探究式学习，学生学习方式发生了改变，真正领会到数学知识的生成、形成过程，体悟到数学思想方法，感悟到数学的本质。

2. 学习方式

"以问题为主线"的教学方式使学生的学习方式达到进一步的优化，通过启发、引导、激励的教学，学生在质疑与探索过程中获得了成就感，学习的主动性和创造性有所提高，尤其是提问意识、主动意识明显增强，学生不再犹豫，敢说、敢想、敢于怀疑、敢于否定，数学学习的过程变成了思维发展和生命生长的过程。

3. 核心素养

教师通过数学教学中的问题诱发，引导学生开动脑筋，激发学生的创新意识，让学生在思考和提问中，在教学内容的主动参与中，实现数学思维与数学方法的自我完善。学生在数学技能与数学思维得到发展的同时，数学素养也逐步提升。

第三节　实施探究式教学的三个重点关注

一、关注全体学生

教师要把学生放在首位，设置探究活动时，应关注全体学生，关注学生的差异性，应突出学生的主体地位，要立足学生的学，探于学，究于学，遵循循序渐进的发展过程。初期"扶着探"，学生需要在教师的示范引领下进行探究，即教师提出探究目标、探究问题，组织探究，学生按照老师的"指令"一步一步进行探究；中期"引着探"，学生在教师的引导下，彼此之间通过互动、研讨进行探究；后期"自主探"，教师通过问题驱动，引发学生自主思考、自主探究。

二、关注探究方式

探究式教学本身既是一种教学方式，也是一种学习方式。探究式课堂教学中提倡自主、互动、展评等探究方式，以此调动学生的积极性，启思引路、点燃思维、寻求方法、提炼结论。因此，探究活动要引导学生有序操作、有章可循、渐进思考、条理表达、顺藤摸瓜、水到渠成、自然生长。教学时，要能化静为动，让学生在听、看、说、画、问、思等活动上尽情发挥，提倡先独立思考再合作的活动方式，让每一个学生都能在探究中受益。

探究方式应该多样化，古人云：处处留心皆学问。也就是，一个人获得的知识的来源应该是多方面的，探究式课堂教学包括生生互动交流、师生互动交流，小组或同伴交流……所以在探究式课堂上，我们应该放手，把时间和空间留给学生，让学生用多种探究方式体验学习，让学生认识到学习是轻松、愉快的一件事，从而使学生从被动学习转向主动学习，从学会转为会学。

探究方式更多的是应该结合数学学科的特点。教学时，我们可以采用类比探究、归纳演绎探究、猜想假设探究、在操作体验中探究、在做中思考的探究等等。

比如，学习"合并同类项"时，教材安排如下探究（图6-3-1），教学时，我们采取类比探究的方式进行教学，这样的教学方式比其他教学方式效果更好。

探究

（1）运用运算律计算：
$100 \times 2 + 252 \times 2 =$ _____，
$100 \times (-2) + 252 \times (-2) =$ _____；
（2）根据（1）中的方法完成下面的运算，
并说明其中的道理：
$100t + 252t =$ _____

 探究

填空：
（1）$100t - 252t = ($ _____ $)t$；
（2）$3x^2 + 2x^2 = ($ _____ $)x^2$；
（3）$3ab^2 - 4ab^2 = ($ _____ $)ab^2$
上述运算有什么共同特点，你能从中得出
什么规律？

图 6 – 3 – 1

三、关注两种能力的培养

在实际授课过程中，教师努力尝试让学生提问题，让学生自己悟方法，让学生讲思路，让学生认识并分析错误。在学生独立思考、自主探究的基础上，以出现问题为课堂教学的起点，以学定教；教师组织学生进行探究，让学生的思维动起来，拓展思维空间，提升思维高度，培育创新思维。

整个探究活动要关注学生两种基本能力的培养。

一是培养学生自主探究能力。比如，在对函数进行教学时，由"数想形"这一环节，学生的主要困难是不知道如何探究，不知道如何确定思考的方向，这时，教师需要通过问题设计，引导学生积极开展数学思维活动，帮助学生弄清前进的方向。针对不同的问题，学生采取不同的探究活动，形成多样化的学习方式，真正把课堂还给学生，改变了传统数学教学中教师主宰课堂的局面。

二是培养学生合作探究的能力。让学生去体验、去发现、去探索、去争论、去交流，以激发灵感、催生灵性，提高学生合作探究的能力。

第四节　围绕四个中心问题实施有效探究

四个中心问题指的是为什么要学，学什么，怎样学，学得怎么样。探究式教学就是要紧紧抓住教学的四个中心问题，即"为什么要学，学什么，怎样学，学得怎么样"等问题展开探究，探明这些，课堂教学的探究便会有了方向，思路更宽，方法更活，效果更佳。

一、创设问题情境，探清为什么要学

创设问题情境指数学课堂教学中，教师通过问题创设一些小问题或营造学习氛围，使当前问题情境与学生已有的认知结构之间产生联系或矛盾冲突，从而激发学生对新知识或新方法学习的探究欲望。创设数学问题探究情境的目标方向，能起到激趣引思的作用，同时可以让学生从内心深处明白"为什么要学"。

二、架构知识结构，探明学什么

数学概念定义、定理证明、模型的描述、算法程序等常常是分块独立的，在数学教学中，教师要努力寻求问题之间的连接点、生长点，使知识之间过渡自然，形成自然联系的整体，同时也为探究铺路引航，逐渐将学生的探究引向深入，让学生经历过程、感受意义，形成表象、自我特征等。从而建立"自己"的探究经验和学习结构。

三、积累活动经验，互究怎样学

G·波利亚说过："掌握数学意味着什么呢？"这就是说要善于解题，不仅善于解一些标准的题，而且解一些要求独立思考、思路合理、见解独到和有发明创造的题。教师在教学中，通过对典型例子的分析和学生自主探索活动，使学生在理解数学概念、结论逐步形成的过程中体会蕴涵在其中的思想方法。例题或习题教学是知识应用的典型标志，所以，例题或习题教学时，教师首先应让学生独立尝试、探索，尽可能暴露学生各种不同想法，然后互动交流、互究互学，并展示评判甄别，找到解决问题的通行通法，对出现的问题进行归因分析，弄清错误的根源，从而为"怎样学"提供帮助与借鉴，积累相关经验与方法。

四、体悟思想方法，深究学得怎么样

学贵于思，教而不思则浅，课堂反思是一节课的有机组成部分，也是对"学得怎么样"的进一步深究。好的课堂反思不仅有利于学生深化对知识的内化和掌握，培养概括能力，而且能够深化对学习目标的进一步理解，从而教会学生学习。

教师应借助"显性"的知识，挖掘"隐性"的思想方法，通过探究体悟、展示反思活动，把脉学生"学得怎么样"。引导学生对本节课的知识获取、思想方法渗透获得一个整体认知，对未来学习有指导作用。

教师可以从以下几个方面进行引导：

（1）本节课探究学习哪些新内容？

（2）问题探究与解决过程中，使用了哪些数学思想方法？

（3）你在探究过程中对哪些知识产生过质疑，提出了哪些新的问题？

（4）探究过程中，获得哪些数学活动经验？

……

由此看来，提倡学后反思，是实施探究式课堂教学的必要环节，教学中坚持"学思结合""学用结合"，采用"建模—解释—应用—拓展"展开教学，引导学生从中不断反思，积累经验，从而体悟到学得如何，如何学得。

总之，探究式课堂教学模式体现了以人为本的教育理念，面向全体学生，突出学生的主体地位，把学习的主动权交给学生，让他们带着问题学习，在解决问题的同时会发现新问题并提出新问题，这种教学模式不仅为学生提供了探究知识的机会和条件，还激发了学生主动学习的潜能，同时又培育了学生的数学素养。